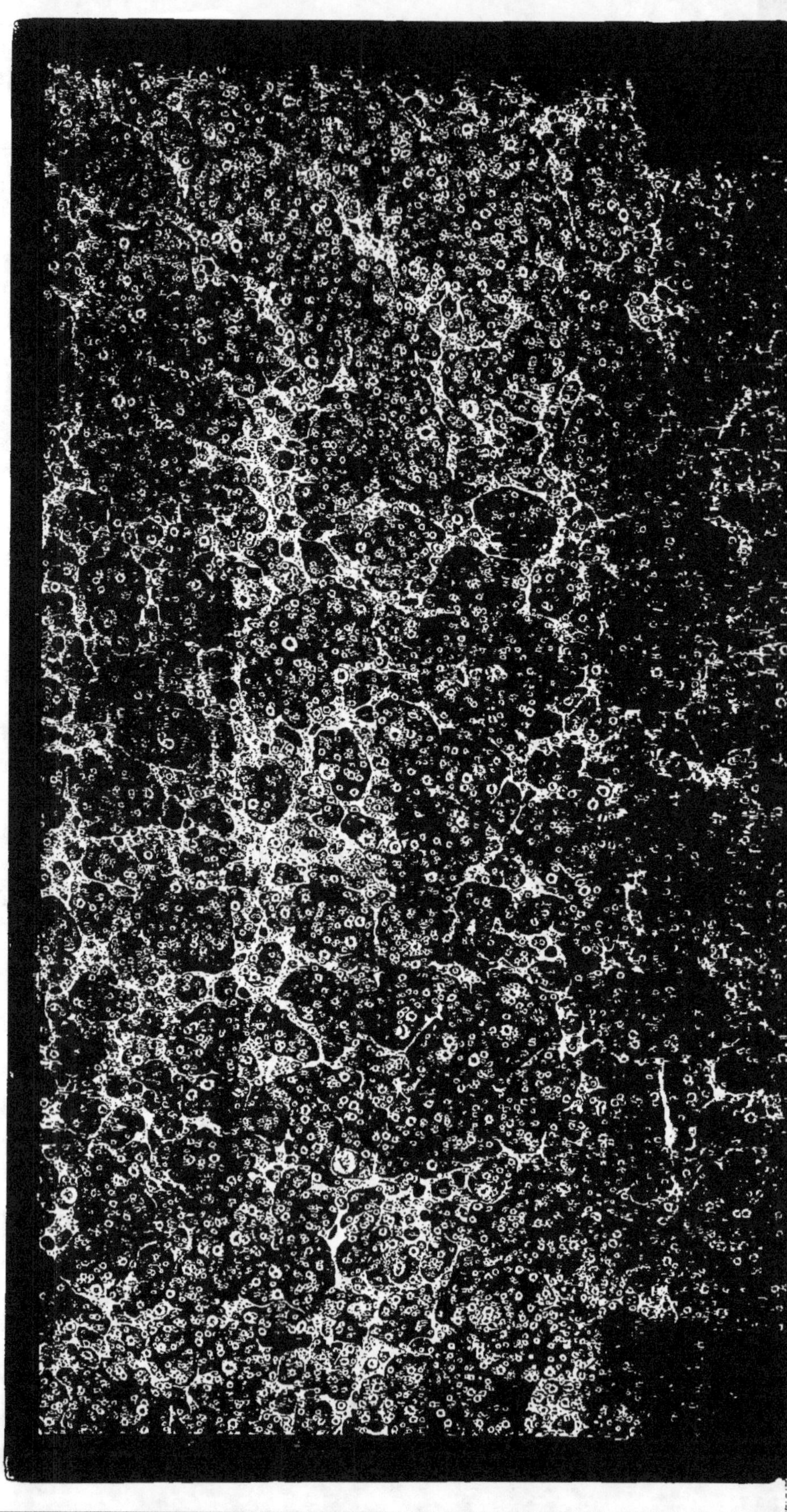

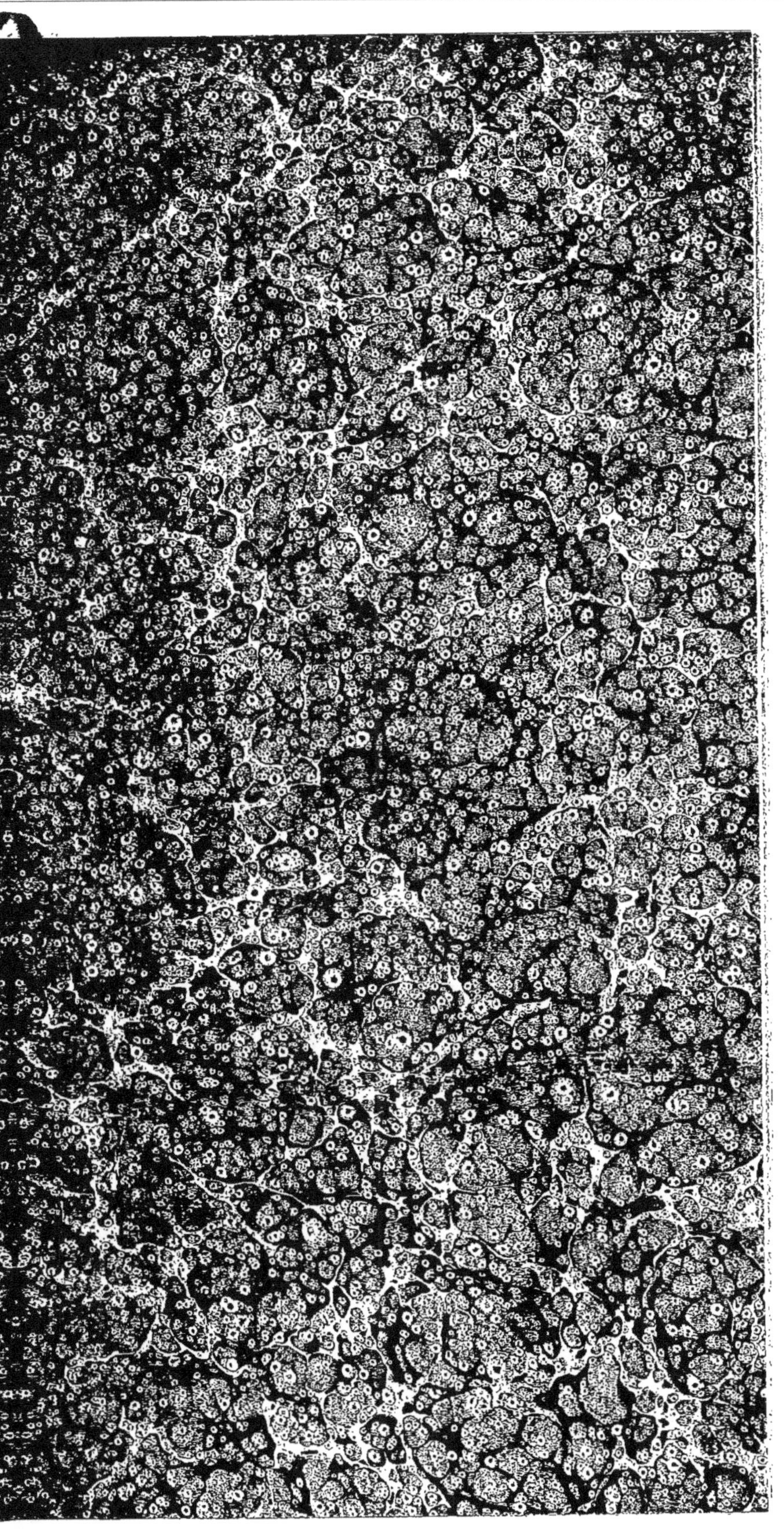

LE PLUTARQUE DES ARTISANS.

Faber.

LE
PLUTARQUE
DES ARTISANS.

GALERIE

DES HOMMES

NÉS

Dans les rangs inférieurs de la Société
et devenus célèbres
par leur génie, leurs talens et leurs vertus.
DÉDIÉE A LA JEUNESSE FRANÇAISE.

Par M. De Barins,

Auteur de divers ouvrages d'éducation.

ORNÉE DE 4 BELLES GRAVURES.

Chacun d'eux est le fils de ses œuvres.

PARIS.

IMPRIMERIE DE Mme HUZARD (NÉE VALLAT LA CHAPELLE),
rue de l'Eperon, n° 7.

1836.

GALERIE

DES HOMMES.

JEAN-BART.

Jean-Bart, ce grand homme, l'honneur de la marine française, était fils d'un pauvre pêcheur de Dunkerque. Ce fut dans cette ville, en 1630, que naquit cet illustre marin. Son enfance n'eut rien de remarquable ; mais sa raison se développa de bonne heure, et dès qu'il sentit assez de forces pour pouvoir subvenir lui-même à ses besoins, il quitta la maison paternelle, et se rendit en Hollande, où il s'engagea en qualité de mousse.

La bonne conduite du jeune Jean-Bart ne tarda pas à le faire remarquer de ses supérieurs, et il s'éleva rapidement, donnant dans toutes les occasions de nouvelles preuves d'un courage au dessus de tout éloge, et déployant des talens qu'on était d'autant plus éloigné de lui supposer, que son éducation avait été fort négligée.

Devenu officier, Jean-Bart sentit le besoin de revoir sa patrie ; ce fut en vain que les Hollandais, qui connaissaient son mérite, lui firent les offres les plus séduisantes pour le déterminer à demeurer à leur service ; l'amour de la patrie l'emporta sur toutes les considérations, et il revint en France.

Louis xiv venait de déclarer la guerre à la Hollande. Jean-Bart, qui avait eu l'avantage de servir sous Ruyter, fut recherché des armateurs de Dunkerque, qui se disputèrent l'honneur de l'avoir à leurs bords. Il donna la préférence à un corsaire qui s'était rendu célèbre par un grand nombre de prises; et, après quelques courses, il se trouva les moyens d'équiper, à ses frais, un navire de deux canons.

Il se mit aussitôt en mer; et se dirigeant vers le Texel, il aperçut une frégate ennemie de dix canons. La grande inégalité des forces, qui eût engagé tout autre que lui à chercher un asile dans le port, ne fit qu'enflammer son courage. Il harangue sa petite troupe, lui peint la gloire dont elle va se couvrir, la mène à l'abordage, et la victoire couronne son audace. La frégate tombe en son pouvoir, et il la conduit en triomphe à Dunkerque, avec plusieurs navires qu'il prend encore pendant la traversée.

Enrichi par le produit de cette course, Jean-Bart arma une frégate de dix canons. Il remit à la voile, et les succès brillans qu'il obtint décidèrent son admission dans la marine royale.

De ce moment, tous les yeux se fixèrent sur lui, et ses exploits devinrent le sujet de tous les entretiens.

La guerre que la France déclara à l'Espagne fut la première qui fournit à Jean-Bart l'occasion de se rendre digne de la grâce qui venait de lui être accordée. Nommé au commandement d'une frégate, et chargé de croiser dans la Méditerranée, il s'y rendit maître d'un vaisseau espagnol. Associé ensuite à la gloire de M. d'Amblemont, il combattit sous ses ordres, près de Cadix, et s'y distingua par la prise de deux vaisseaux. Moins heureux avec le chevalier de Forbin, il fut pris par les Anglais à la hauteur de l'île de Wight; mais cette disgrâce ne nuisit en rien à sa réputation, et tout le monde l'admira d'avoir pu, avec deux frégates, disputer la victoire à deux vaisseaux de cinquante pièces de canon.

Jean-Bart n'eut pas plutôt recouvré sa liberté, qu'il fut élevé au grade de capitaine de vaisseau, et alla joindre, en cette qualité, à Brest, le comte de Tourville, qui devait commander dans la Manche. Monté sur l'*Al- cion*, il contribua à la victoire éclatante que Tourville remporta sur les Anglais ; et l'ayant quitté pour croiser sur les côtes de la Hollande, il détruisit tous les bateaux destinés à la pêche, et enleva deux vaisseaux qui transportaient deux régimens danois en Angleterre.

Tant de succès décidèrent enfin la cour à donner à Jean-Bart un commandement plus étendu que ceux qui lui avaient été confiés depuis son admission dans la marine royale. On le mit à la tête de sept frégates et d'un brûlot. Ces forces lui permettant de faire éclater encore mieux sa bravoure, il passa au milieu de trente-deux bâtimens anglais et hollandais qui bloquaient le port de Dunkerque, et se rendit maître de quatre bâtimens anglais richement chargés. Peu de temps après

1.

il fit une descente à Newcastle, y brûla deux cents maisons, et revint à Dunkerque avec un butin évalué à cinq cent mille écus.

Non moins actif dans les mers du Nord, il y attaqua trois vaisseaux de guerre hollandais qui escortaient un convoi considérable, et en prit un, ainsi que seize navires marchands. Séparé, à une autre époque, de l'escadre du comte de Tourville, il fit échouer et brûler près de Foro, six bâtimens hollandais. Étant allé ensuite chercher du blé au port de Welke, il conduisit heureusement sa flotte à Dunkerque, malgré tous les efforts des Anglais et des Hollandais pour l'en empêcher. Un autre convoi, composé de trois cents voiles, et venant également de Welke, ayant été pris par les Anglais, il le leur enleva et leur prit trois vaisseaux, du nombre desquels était le contre-amiral. Cette action éclatante valut à Jean-Bart des lettres de noblesse.

Encouragé par cette faveur, sans en être enorgueilli, Jean-Bart redoubla de zèle. Il rencontra à six lieues de Fly une flotte hollandaise, composée de deux cents vaisseaux marchands, et escortée par quelques frégates. Il fondit sur elle, courut à l'abordage sur le commandant, et s'empara de trente vaisseaux marchands et de quatre frégates ; mais il ne profita pas de cette capture. Rencontré à son tour par douze vaisseaux de guerre hollandais, il mit le feu à sa prise, afin qu'elle ne tombât pas au pouvoir de l'ennemi.

Élevé au grade de chef d'escadre, Jean-Bart eut l'honneur d'être choisi pour conduire à Dantzick le prince de Conti, qui s'était mis sur les rangs de ceux qui prétendaient au trône de Pologne, devenu vacant par la mort de Sobieski. Il remplit cette mission délicate avec autant de prudence que de bravoure, et rendit le prince à bon port. Cette expédition fut la dernière de notre intrépide et infatigable marin qui rentra en France, et mourut d'une pleurésie, à Dunkerque, le 27 avril 1702, âgé de cinquante et un ans.

Malgré l'avancement auquel le mérite de Jean-Bart l'avait fait parvenir, ce grand homme conserva, pendant toute sa vie, les habitudes grossières qu'il avait contractées dans son enfance. Louis xiv l'ayant fait appeler un jour, pour lui annoncer sa nomination à un nouveau grade, lui dit : « Jean-Bart, je » viens de vous nommer chef d'escadre. — » Vous avez bien fait, sire, » répondit-il vivement. A ces mots, les courtisans ne purent s'empêcher de rire aux éclats ; mais Louis xiv leur imposa silence, en leur disant : « Mes- » sieurs, vous vous trompez sur le sens de » la réponse de Jean-Bart ; c'est celle » d'un homme qui sent ce qu'il vaut, » et qui compte m'en donner de nou- » velles preuves. »

FRANKLIN.

Benjamin Franklin, né le 17 janvier 1705, à Boston, apprit seulement à lire et à écrire dans son enfance. A dix ans, son père, qui fabriquait de la chandelle et du savon, voulut lui apprendre son métier; mais, remarquant que ce petit garçon aimait beaucoup la lecture, il le plaça chez un de ses frères, qui était imprimeur. Ce frère, voyant qu'il s'amusait à faire des vers, lui donna le sujet de deux chansons; l'une sur un naufrage récent, l'autre sur la prise d'un fameux pirate : il les composa, les imprima, et s'en alla les vendre par la ville. Il avoue lui-même que c'étaient de véritables chansons d'aveugles. Cependant, comme il les avait fort bien débitées, il allait continuer à en faire d'autres, lorsque son père lui fit entendre que le métier de poète n'avait pas coutume d'enrichir son homme. Le petit Franklin abandonna donc ses chansons. Il avait environ seize ans, lorsque son frère entreprit un journal. Il écrivit quelques articles qu'il fit tenir indirectement, craignant une prévention défavorable de sa part, s'il s'avisait de se nommer. Les articles furent imprimés, et il eut la satisfaction de les voir généralement goûtés ; il continua, se fit connaître ensuite, et devint un des principaux rédacteurs de la feuille. Trouvant que son frère manquait d'égards envers lui, il partit secrètement pour Philadelphie, où il arriva possédant environ cinq francs pour toute richesse. Le travail et l'économie commencèrent sa fortune ; il travailla d'abord dans une mauvaise imprimerie, et finit par en établir une lui-même ; il y joignit le commerce de la papeterie, publia un journal, et se fit peu à peu une maison que l'on compta parmi les meilleures maisons commerciales de la ville. Se trouvant dans une position aisée, il consacra ses momens de loisir aux sciences, qu'il avait toujours désiré pouvoir cultiver ; bientôt il fit des découvertes intéressantes ; et c'est à lui que nous devons l'invention des paratonnerres. Il prit une grande part à la révolution d'Amérique, et ce fut sur lui que ses concitoyens jetèrent les yeux pour l'envoyer en France solliciter le gouvernement à prendre les intérêts des États-Unis. Il réussit parfaitement dans cette mission délicate et importante. A son retour en Amérique, il fut élu gouverneur de la Pensylvanie, et assista au congrès en qualité de député de cette province. Après une carrière des plus laborieuses, comme des plus honorables, il mourut le 17 avril 1790, dans la quatre-vingt-cinquième année de son âge.

FABERT.

Abraham Fabert, fils d'un libraire de Metz, naquit dans cette ville, en 1599. Ce ne fut ni à sa naissance ni à sa fortune qu'il dut le bâton de maréchal de France; son mérite seul le lui fit obtenir. Ce peu de mots fait assez son éloge.

Ses études furent si négligées, que ses parens, qui le destinaient à l'église ou au barreau, furent contraints de lui laisser embrasser le métier des armes, pour lequel il montrait un penchant invincible.

Il entra à l'âge de treize ans, en qualité

de cadet, dans le régiment des gardes. Il y servit pendant l'espace de cinq ans, et passa ensuite porte-enseigne dans le régiment de Piémont. Très chatouilleux sur le point d'honneur, il eut plusieurs affaires dont il se tira en brave; mais, dans la dernière, il eut le malheur de tuer son adversaire, ce qui l'obligea à quitter son corps, et à se tenir caché jusqu'au moment où le duc d'Épernon, qui prenait intérêt à sa famille, le fit sortir de sa retraite, pour voyager avec son fils.

A son retour, le duc d'Épernon voulut lui donner une compagnie dans le régiment de Normandie; mais Fabert étant singulièrement disgracié de la nature, Louis XIII eut la faiblesse de s'opposer à sa nomination. Cet affront lui fut si sensible, qu'il voulut quitter la France et aller chercher du service chez l'étranger. Le duc d'Épernon le retint, et le dédommagea du désagrément qu'il venait d'avoir, en le nommant major dans le régiment de Rambure.

Il s'y distingua pendant la guerre civile, et montra tant de zèle, que le roi, revenu de l'injuste prévention qu'il avait eue contre lui, lui confia une commission importante, mais dangereuse, puisqu'elle pensa lui coûter la vie. Chargé de reconnaître la ville de Thionville et son territoire, il fut surpris comme il en dressait le plan, et conduit dans les prisons de Luxembourg. Son procès fut commencé, et l'arrêt qui aurait été rendu eût été infailliblement celui de sa mort, si le roi ne l'eût réclamé et racheté, moyennant une somme considérable.

La captivité qu'il venait d'endurer, et les ennuis inséparables d'une position aussi critique, allumèrent dans son ame le désir de la vengeance. Il jura de faire repentir les ennemis des mauvais traitemens qu'ils lui avaient fait éprouver, et il tint parole. Nommé pour suivre et éclairer de ses conseils le cardinal de la Valette, fils du duc d'Épernon, qu'on envoyait en Allemagne pour se joindre aux

Suédois, il sut gagner toute sa confiance, et
bannir entièrement l'humeur dont ce général
n'avait pu se défendre en voyant qu'on lui
donnait un surveillant. Fabert, jaloux de toute
espèce de gloire, se montra également utile
dans le conseil et dans l'exécution. Une entreprise périlleuse qu'il proposait était-elle ac-
ceptée, il s'en chargeait, et le succès couron-
nait toujours et son génie et son audace. Sur-
nommé le Quêteur de Mousquets, à cause des
dangers qu'il bravait avec une intrépidité
sans égale, il allait reconnaître une place dès
que le siége en était résolu; il dressait le plan
des bois, des rivières, des défilés, et aplanis-
sait ainsi aux grands généraux qui servaient
dans l'armée française, à Turenne, à Weimar,
à Rantzau et à Gassion, les difficultés que leur
présentait l'ignorance du pays. Ce fut lui qui,
dans la retraite mémorable de Mayence, conduisit l'artillerie, et pourvut à la subsistance
des troupes. Peu de temps après, il força Ga-
las, qui venait de faire une invasion en Bour-

gogne, à lever le siége de Saint-Jean-de-Lône.

La campagne finie, il se rendit dans la capitale, où le roi lui témoigna la satisfaction qu'il avait de ses services. Son séjour dans cette ville ne fut pas de longue durée. Le cardinal de la Valette lui ordonna de rejoindre l'armée, afin de réprimer les garnisons de Thionville et du Luxemboarg qui désolaient la Champagne et la Lorraine. Dès qu'il parut, tout changea de face; l'ennemi, qui le redoutait, n'osa plus sortir de ses murs.

L'approche du printemps annonçant le retour des hostilités, la cour de Versailles mit trois armées en campagne. Fabert continua de servir sous les ordres du cardinal de la Valette. On délibéra dans le conseil de guerre si l'on débuterait par le siége d'Avesnes. Ce ne fut point l'avis de Fabert, qui craignait avec raison que ce siége ne traînât en longueur, et que l'infant ne vînt fondre sur les Français avec des forces supérieures; mais un ordre précis du roi fut montré, et l'on

obéit. On échoua. Alors Fabert fut envoyé à
la cour pour y rendre compte des obstacles
qui avaient empêché qu'on réussît. Il proposa
au cardinal de Richelieu un nouveau plan,
que ce ministre adopta, et d'après lequel un
second siége fut entrepris. Fabert en dirigea
les travaux avec une si grande activité, que le
commandant d'Avesnes capitula sans attendre
l'arrivée de l'infant, qui accourait à son secours avec une armée formidable.

La reddition d'Avesnes n'eut pas tous les
avantages qu'on s'en était promis. L'armée
française, se trouvant divisée, fut contrainte
de se tenir sur la défensive. Une jonction
était nécessaire, mais elle était difficile. Fabert fut envoyé auprès de Turenne, afin de
se concerter avec lui sur les moyens de l'exécuter. Dès qu'ils eurent reconnu la position
de l'ennemi, ils firent leur plan et se mirent
en marche. Fabert, à la tête du premier corps
qui rencontra les impériaux, leur disputa
avec tant de vigueur le passage de la Sambre,

qu'il les culbuta, les força à la retraite, et rompit le pont que l'infant avait déjà fait dresser sur la rivière. La jonction désirée fut le fruit de ce succès.

L'armée entra en quartiers d'hiver. Fabert se rendit à Metz, où il prépara tout pour que la campagne suivante pût être ouverte le plus tôt possible. Ses dispositions furent faites avec tant de prudence, que l'armée se trouva en état d'agir avant l'époque fixée pour le renouvellement des hostilités. Mais la mort du maréchal de Créqui ayant décidé le roi à donner le commandement de l'armée d'Italie au cardinal de la Valette, Fabert ne put pas jouir de ses travaux ; il resta attaché au cardinal, et le précéda en Piémont, où il trouva les affaires dans le plus affreux désordre.

Fatigués de combattre, les deux partis se réunirent pour traiter de la paix. Les généraux français et espagnols rivalisèrent de luxe pendant les conférences qui eurent lieu à ce sujet. Fabert conserva seul cette noble simplicité qui le distingua toujours ; il fut l'ame du conseil du cardinal. On discuta long-temps; mais les Espagnols ayant porté trop haut leurs prétentions, les négociations furent rompues, et l'on se prépara, de part et d'autre, à poursuivre la guerre avec une nouvelle vigueur.

La campagne s'ouvrit par le siége de Chivas. Fabert reconnut les environs de cette place, et remarqua tous les lieux par lesquels il était possible aux assiégés de faire entrer des vivres et des troupes. Un fort étant nécessaire pour protéger des lignes des Français, on se mit en devoir d'en élever un; mais il n'était pas encore achevé, que les ennemis l'attaquèrent. Fabert, à la tête des régimens de Souvré et de Lorraine, se défendit avec sa valeur accoutumée, et força les Espagnols à la retraite, après leur avoir fait éprouver une perte considérable.

Enhardis par ce succès, les Français marchèrent contre Raconis pour en faire le siége;

mais ayant appris, au moment où ils étaien
sur le point d'ouvrir la tranchée, que la ville
de Turin venait de se déclarer pour le prince
Thomas, et que Madame de Savoie avait été
contrainte de se réfugier dans la citadelle,
toute l'armée se mit aussitôt en mouvement
pour aller délivrer la princesse. Fabert, dont
les obstacles redoublaient le zèle, trouva le
moyen de s'introduire dans la citadelle et
d'arracher Madame de Savoie à l'affreuse misère à laquelle elle était réduite.

Maîtres de la citadelle, les Français attaquèrent la ville. Fabert, en forçant une barri-
cade, reçut un coup de feu à la cuisse. Quoique dangereusement blessé, il ne quitta pas
le champ de bataille, et combattit en désespéré, jusqu'au moment où, épuisé par la perte
de son sang, il tomba sans connaissance. De
retour dans sa tente, la gangrène se manifesta ; les chirurgiens décidèrent qu'il fallait
lui couper la cuisse, mais il s'y opposa en disant : « Je ne veux pas mourir par pièces, la

« mort m'aura tout entier, ou n'aura rien. »
Il se traita lui-même, et sa guérison fut par-
faite.

Peu de temps après, le cardinal de la Valette mourut. Fabert le regretta vivement.
Richelieu, pour le consoler, lui promit son
appui, et, pour lui prouver que ses promesses
n'étaient pas vaines, il débuta par le nommer
maréchal de bataille dans l'armée d'Italie,
dont le comte d'Harcourt avait pris le commandement.

Le cardinal de Richelieu avait la vanité de
passer pour un grand capitaine. Jaloux d'a-
voir auprès de lui des hommes qui pussent,
par leurs sages avis, contribuer à sa gloire
militaire, il attacha Fabert à sa personne, et
lui donna une compagnie dans le régiment
des gardes, place qui le dispensait de paraître
à l'armée. Cependant il y fut envoyé en qualité d'homme du roi, et ce fut avec ce titre
qu'il se montra aux siéges de Turin et d'Arras.
Chargé d'y surveiller tout ce qui avait rap-

port au matériel et aux besoins de l'armée, il lui fut impossible de demeurer spectateur oisif des dangers auxquels il voyait ses compatriotes s'exposer, et, chaque fois que l'occasion lui en fut offerte, il s'empressa de les partager.

La guerre civile avait éclaté, et le comte de Soissons marchait sur la capitale, dans l'intention et l'espoir de forcer le roi à renvoyer le cardinal de Richelieu. Le maréchal de Châtillon fut envoyé avec Fabert contre les rebelles.

Ces troubles apaisés, Fabert, pour qui l'inaction était insupportable, alla servir en Catalogne, sous le maréchal de la Milleraye. Les mortifications de toute espèce que lui fit éprouver ce général ne l'empêchèrent pas de montrer le plus grand zèle. Il l'aida de ses conseils, et le força, par une conduite aussi noble que généreuse, de faire taire un ressentiment injuste qui avait pris sa source dans la préférence que Fabert avait donnée dans le temps au cardinal de la Valette. La prise de Collioure fut le fruit du rétablissement de la bonne intelligence entre ces deux braves.

Peu de temps après, et au moment où il allait faire le siége de Rose en qualité de maréchal de camp, il fut investi par un corps de cavalerie, et tomba entre les mains de l'ennemi. Il défendit sa liberté de la manière la plus vigoureuse, et les Espagnols ne l'auraient eu que mort si son aide de camp ne l'eût sauvé, en disant à ceux qui le couchaient en joue, « que c'était un officier-général dont ils au- » raient une rançon considérable. » Cet espoir les engagea à lui laisser la vie.

Au sortir de captivité, Fabert fut nommé gouverneur de Sedan, avec la liberté de disposer de toutes les charges civiles et militaires de son gouvernement.

Le ministère du cardinal Mazarin, qui succéda à Richelieu, ne changea rien à la conduite de Fabert : il continua de montrer cette noble fierté, compagne du vrai mérite, qui le caractérisa pendant tout le cours de sa vie. Louis XIV, satisfait de ses services, le combla de grâces. Il érigea une de ses terres en marquisat, l'éleva au grade de lieutenant-général, et voulut qu'il assistât à son sacre. La guerre fut encore également pour lui une nouvelle source d'honneurs. Revêtu du commandement de l'armée de Champagne, et chargé du siége de Stenay, il eut la satisfaction de rendre le jeune monarque témoin de la prise de cette ville. Cette conquête faite, il s'occupa à rétablir la dicipline parmi les troupes, et rendit ainsi le calme à de malheureuses contrées qui avaient éprouvé toutes les calamités que la guerre entraîne après elle.

Des malheurs arrivés en Italie y firent rappeler Fabert. Sa présence ranima l'ardeur des troupes. Les Espagnols furent battus, et le pape Pie IV, qui avait pris les armes contre la France, se vit forcé de souscrire aux conditions qui lui furent imposées. La paix faite avec le souverain pontife, Fabert revint en

France, où il jouit de sa gloire, qui s'accrut encore par les succès dont on vit couronner plusieurs autres entreprises qui lui furent confiées.

Mazarin lui avait promis le bâton de maréchal. Quarante-trois ans de service, soixante-et-un siéges, deux batailles rangées, et une infinité de combats, lui donnaient des droits incontestables à cette grâce ; cependant il ne l'obtint que long-temps après l'époque où il s'était flatté qu'elle lui serait accordée. Une autre faveur plus grande encore l'attendait, le cordon bleu ; mais il le refusa, en prétextant l'impossibilité de faire ses preuves. Le roi eut la bonté de l'en dispenser ; il n'en persista pas moins dans son refus.

Le reste de la vie de Fabert n'offrit rien de remarquable, si l'on en excepte la pratique de toutes les vertus domestiques et sociales à laquelle il fut toujours dévoué. L'envie s'acharna contre lui, c'est le sort de tous les grands hommes ; mais il lui opposa une conduite irréprochable et une conscience pure. Le terme de son existence approcha ; il le vit avec résignation , et mourut à Sedan , le 17 mai 1662, âgé de soixante-trois ans.

On doit à Fabert plusieurs ouvrages sur l'art militaire, parmi lesquels on distingue un traité de la guerre de campagne. Il n'a jamais été imprimé.

AMYOT.

Jacques Amyot naquit à Melun le 30 octobre 1514 ; il était fils d'un petit marchand mercier. A l'âge de douze ans, ayant fait quelque sottise qui devait lui valoir un châtiment, il résolut de s'enfuir de la maison paternelle, et se dirigea sur Paris. Égaré dans sa route, épuisé de faim et de fatigue, et ne sachant plus que devenir, il se coucha sur la terre et attendit la mort. Un gentilhomme qui passa eut pitié de lui, le plaça sur son cheval, et le conduisit à Orléans, où il le mit à l'hôpital. Quelque repos et une nourriture substantielle curent bientôt guéri le petit fuyard; on lui donna douze sous, et on le renvoya. Arrivé à Paris, il se plaça à la porte d'un collége, où il attendait que les écoliers ou les professeurs lui donnassent quelque ordre. Tout le temps où il n'était pas occupé, il l'employait à s'instruire avec les livres qu'on voulait bien lui prêter. Sa mère, à laquelle il avait eu soin d'écrire et de demander le pardon de sa faute, lui envoyait chaque semaine un pain par les bateaux de Melun. Une dame le prit pour conduire ses enfans au collége. Amyot, voyant sa subsistance assurée par ce petit service qu'il rendait, se livra tout entier à son instruction; il suivit avec exactitude les leçons des professeurs, qui l'accueillirent avec bonté à cause de sa sagesse, et il devint le meilleur écolier du collége. Il se chargea ensuite de l'éducation des enfans d'un gentilhomme. Dans les momens de loisir que lui laissaient les fonctions d'instituteur, il traduisit le roman grec de *Théagène et Chariclée* : cette traduction lui mérita les bonnes grâces de François Ier, qui lui donna une abbaye. Henri II, successeur de ce prince, le fit précepteur des enfans de France : il devint évêque d'Auxerre, grand aumônier de France, et obtint l'ordre du Saint-Esprit. Dans cette haute prospérité, il fit un trait que l'on a conservé comme un bel exemple de reconnaissance et de grandeur d'ame à offrir aux hommes : il conserva le souvenir de la pièce de douze sous qu'on lui avait donnée à l'hôpital d'Orléans, et reconnut ce bienfait par un legs de douze cents écus à cet hôpital. Ce qu'il y a de plus admirable là dedans n'est point le don de la somme, mais le noble sentiment qui l'empêcha de rougir de son ancienne pauvreté.

Amyot a donné une traduction de Plutarque qu'on lit toujours avec un nouveau plaisir, quoique le style en soit ancien ; elle a tant de grace et de naïveté, qu'on lui trouve une fraîcheur qui ne se flétrit point. Il mourut le 6 février 1593.

2.

JOSEPH CHRÉTIEN.

Le 17 décembre 1785, entre midi et une heure, Joseph Chrétien, apprenti cordonnier, âgé de 17 ans, jouait à la boule, avec plusieurs jeunes gens de son âge, aux environs de la pièce d'eau située en face de l'Orangerie de Versailles. Le temps était froid, et il gelait fortement. Il entend dire que trois enfans viennent de s'enfoncer sous la glace, et presqu'au milieu du bassin appelé la *pièce des Suisses*. Il accourt, suivi de ses camarades, vers la rive, où il voit beaucoup de monde rassemblé ; il traverse la foule ; et, surpris de ce que personne n'allait secourir les trois malheureux, il s'informe de leur âge. On lui dit que le plus grand n'avait pas encore seize ans. — Puisque je suis leur aîné, dit-il, je vais tenter de les sauver. A ces mots, le jeune Joseph s'élance sur la glace, et s'avance vers le trou où les trois enfans avaient disparu, en glissant à la file. Son premier mouvement fut de sauter tout habillé dans le trou ; mais s'avisant tout à coup, il ôte son habit, fait un signe de croix, se plonge hardiment au milieu du gouffre, et nage long-temps sous la glace. Près de saisir l'un des trois malheureux, il se sent arrêté par le pied droit, et mordu vivement au pied gauche ; il s'agite et se débat de toutes ses forces. Parvenu enfin à dégager le pied droit, il profite de la liberté de ce pied pour dégager l'autre. Délivré, non sans peine, de ce danger imminent, mais ne pouvant plus respirer, Joseph regagne l'ouverture, s'appuie sur la glace pour reprendre ses esprits, et reste dans cette attitude pénible presque sans connaissance. Dans une telle situation, on croirait que ce jeune homme aurait renoncé à son dessein ; mais, loin de se rebuter, voici une circonstance qui donnera une idée de son sang-froid et de son intrépidité. Résolu de sauver au moins une des victimes, mais jugeant bien que la glace, encore peu épaisse, ne pourrait porter deux personnes à la fois, il se mit à la rompre depuis le trou jusqu'à la rive. Cette opération lui coupa les mains à plusieurs endroits et le mit tout en sang ; mais les douleurs les plus aiguës ne l'empêchèrent point de se plonger dans l'eau, et en moins d'une minute, il atteint un des noyés qu'il amène à terre sain et sauf, par la route qu'il s'était frayée entre deux glaces. Ce premier, âgé de quatorze ans, était précisément celui qui, ne pouvant se servir de ses mains engourdies par le froid, avait saisi son libérateur avec les dents, et lui avait mordu les doigts du pied. Après ce premier succès, Chrétien, s'animant d'un nouveau courage, re-

plonge et retire le plus jeune, âgé de onze ans.
Alors, aux cris d'applaudissemens unanimes
dont des milliers de spectateurs ravis et étonnés font retentir le jardin et le château, l'intrépide Joseph replonge pour la quatrième fois
dans l'abîme; il y cherche long-temps et trouve
enfin au fond de l'eau le troisième, âgé de
seize ans, beaucoup plus gros et plus lourd
que lui. Il le saisit par les cheveux, de la
main gauche; il l'entraîne et nage de la main
droite. Mais un obstacle imprévu mit le jeune
héros dans un péril plus grand que ceux auxquels il venait d'échapper. Il ne retrouva plus
le chemin qu'il s'était fait en cassant la glace;
celle de l'endroit où il nageait était plus
épaisse et plus forte. Alors il donne de grands
coups de tête contre le plancher glacé qui lui
ferme le passage; mais ses efforts sont infruc-
tueux. Un long temps s'écoule dans cette lutte
extraordinaire; un morne silence règne autour du canal, et l'on désespère de revoir le
valeureux Joseph; lui-même se croyait perdu.

Enfin il aperçoit le passage qu'il s'était frayé avec tant de force et de courage ; il ramène le troisième, et le sauve aussi heureusement que les deux premiers. Cette action héroïque fut l'ouvrage de trois quarts d'heure. Après cette opération, Joseph, tout frissonnant et couvert de glaçons, court chez un épicier, et comme ce pauvre jeune homme n'avait point d'argent, il demande à crédit un petit verre d'eau de vie. Il retourne ensuite chez son bourgeois, qui lui fit le sacrifice d'un fagot pour fondre la glace qui pendait à ses cheveux et le long de ses habits. Prenant à peine le temps de se réchauffer, ne changeant pas même de chemise, il sort à l'instant pour se faire dédommager de la perte de son chapeau et de ses habits restés dans le bassin ; il court chez le père de l'un des enfans qu'il venait d'arracher à la mort, et il en retire douze sous. Le premier usage qu'il fait de cet argent, c'est d'aller payer le sou qu'il doit à l'épicier pour la goutte d'eau de vie qui l'avait un peu ra-

nimé. De là il se rend chez son maître, et se
met au lit avec une fièvre violente et le trans-
port. Il avait les mains toutes coupées ; le derrière de sa tête n'était qu'une large plaie ; heureusement qu'un chirurgien habile le guérit
en dix jours à l'aide d'une eau de son invention ; mais la peau de sa tête était emportée,
et ce jeune héros, dit Sabatier, en conserva
toute sa vie les honorables cicatrices.

Cependant, rétabli en moins d'une quin-
zaine, ainsi que les trois enfans qu'il venait de
sauver, et travaillant avec assiduité chez son
maître, Joseph Chrétien ne se doutait pas
qu'il fût devenu l'objet des entretiens de toute
la ville et de la cour elle-même. Le duc de
Noailles, curieux de voir cet enfant admirable, le fit venir à son hôtel et lui fit diverses
questions auxquelles le jeune homme répondit avec autant de modestie que de bon-sens,
ce qui accrut l'intérêt qu'il lui portait. La
mère du duc, voyant ce pauvre garçon mal
vêtu, le fit habiller entièrement, et parla de

lui à Louis XVI. Ce prince, pénétré au récit de l'action sublime du jeune Joseph, le fit venir en sa présence, lui parla avec satisfaction, et l'honora d'une récompense digne du véritable héroïsme. On frappa, par les ordres du monarque, une médaille de douze cents francs, et le ministre de l'intérieur l'attacha avec une chaîne d'or à la boutonnière de son habit. D'un côté de la médaille était l'effigie du prince rémunérateur, et de l'autre la représentation de l'action héroïque du jeune homme, et on y lisait ces mots : *Joseph Chrétien, natif de Versailles, s'est précipité courageusement sous la glace, en 1785, et il en a retiré trois enfans près de périr.*

L'Académie française lui décerna le prix de la plus belle action, aux acclamations réitérées de toute l'assemblée.

KLÉBER.

Jean-Baptiste Kléber naquit à Strasbourg, en 1754. Son père, pauvre journalier, fit tous ses efforts pour lui donner les moyens de cultiver les arts ; et Kléber vint, jeune encore, à Paris, apprendre l'architecture à laquelle il était destiné. S'étant un jour trouvé dans un café où des étrangers étaient insultés, il prit leur défense, et acquit ainsi leur estime. C'étaient deux gentilshommes allemands qui l'engagèrent à les suivre à Munich, où ils lui ouvrirent l'accès de l'École militaire de cette capitale. Là, doué de

l'aptitude au travail et d'heureuses dispositions, il fit des progrès rapides. Le général
Kaunitz, fils du premier ministre, frappé
des premiers essais de Kléber, de la beauté
de sa taille, et de l'esprit qu'il montrait dans
ses réponses, l'attira à Vienne, et lui donna
une sous-lieutenance dans son régiment.

Kléber fit ses premières armes contre les
Turcs, et resta dans les troupes autrichiennes
depuis 1776 jusqu'en 1783 ; mais, dégoûté
alors de voir qu'on n'y accordait de l'avancement qu'à la naissance, il donna sa démis-
sion, revint en Alsace, postula la place d'ins-
pecteur des bâtimens publics à Béfort, et l'obtint par la protection de l'intendant la Galai-
sière. Fixé par cet emploi à Béfort, il y cultiva son art pendant près de six ans, et enrichit son esprit de connaissances utiles. La
révolution française lui ouvrit une carrière
plus brillante. Dans une émeute, il prit le
parti des officiers municipaux de Béfort,
contre le régiment Royal-Louis, dévoué à

la cour. On le vit courageusement repousser les soldats, et présenter même un défi à leur colonel. Cet élan décelait son caractère, et le porta, en 1792, comme simple grenadier, dans un bataillon volontaire du Haut-Rhin.

La stature élevée et robuste de Kléber, son air martial et ses talens naturels pour la guerre le firent remarquer, et il obtint de Wimpsen, qui commandait à Brisach, une place d'adjudant-major dans un bataillon qui rejoignait Custine à Mayence. Sa réputation militaire commença lors du siége de cette place, et il y fut élevé au grade d'adjudant-général. Ce fut lui qui commanda et exécuta les sorties de Biberach et de Marienborn. Venu à Paris, après la prise de Mayence, il y fut appelé en témoignage contre Custine, et eut le courage de déposer en sa faveur, devant le tribunal révolutionnaire. On le nomma général de brigade, pour aller combattre les royalistes de la Vendée, à la tête de cette même garnison de Mayence, tant de fois témoin de

sa bravoure. Il en commanda l'avant-garde,
et fut blessé au combat de Torfou. Là, n'ayant
que quatre mille soldats et six pièces de canon, il fut entouré par vingt mille Vendéens,
fit une habile retraite, avec autant de sang-
froid que d'intrépidité, et comprit dès lors
qu'on ne pourrait vaincre de tels ennemis par
les règles ordinaires.

A Cholet, l'armée républicaine suivit la
marche qu'avait tracée Kléber, et demeura
victorieuse. De nouveaux revers cependant
l'attendaient au delà de la Loire, et ils furent
imputés aux généraux. C'était le temps des
dénonciations. Rival de la gloire de Kléber,
Marceau parut blessé de son austère franchise; mais le voyant destitué au moment
où il était porté lui-même au commandement
en chef, il se vengea noblement, ne garda,
pour ainsi dire, que le vain titre de général,
et en remit l'autorité à Kléber, qui, après
avoir combattu au Mans, poussa les débris
des Vendéens, de marche en marche, contre

la Loire et la Vilaine. « C'est ici, » s'écria-t-il, « que je le voulais. » Trois commissaires de la Convention ordonnent de commencer l'atta- que de nuit. « Non, dit Kléber, il est bon « de voir clair dens une affaire sérieuse, et « celle-ci doit se décider au grand jour. »

La bataille qu'il livra près de Savenay fut moins une déroute des Vendéens qu'une destruction ; elle eût même terminé la guerre, car Kléber répondait sur sa tête de l'obéis- sance et de la tranquillité des provinces in- surgées, si on les confiait à la surveillance et au bonheur de ses armes. Le Comité du salut public ne voulut point de clémence, tant il craignait l'ascendant d'un guerrier humain et généreux ! Kléber fit son entrée à Nantes, à la tête des troupes victorieuses, et aux ac- clamations du peuple. Une fête fut donnée par la ville au généreux vainqueur ; mais, au moment où une couronne de laurier des- cendait sur le front de Kléber, l'un des com- missaires conventionnels s'écria stupidement

« que ces lauriers n'étaient pas dus aux géné-
» raux, mais aux soldats. » — « Nous avons
» tous vaincu, « reprit Kléber avec une noble
fierté; « je prends cette couronne pour la
» suspendre aux drapeaux de l'armée. » Il ne
tarda pas à être exilé, pour avoir montré toute
son horreur contre ces lois sanguinaires qui
faisaient des champs de bataille d'immenses
échafauds, où les vainqueurs donnaient la
mort à ceux qui avaient déposé les armes. On
jugeait alors ses opinions incertaines, et on
le regardait même comme un ennemi de la
liberté, parce qu'il haïssait l'indiscipline, la
licence et les lois sanguinaires.

Quoique Kléber eût un génie éminent pour
la guerre, il était difficile qu'il parvînt au
commandement en chef, parce qu'il ne savait
ni adoucir la vérité, ni taire les fautes de
ceux qui gouvernaient. C'était sa maxime,
« qu'il fallait une opposition à côté d'une
» grande autorité. » Cette franchise, toute
chevaleresque, retarda quelque temps sa for-

tune militaire ; toutefois la France avait besoin de son bras pour assurer l'indépendance du territoire. Appelé à l'armée du Nord, et bientôt à celle de Sambre-et-Meuse, comme général de division, il passa la Sambre, en présence des armées alliées, et partagea la gloire de la victoire de Fleurus, où il commanda l'aile gauche de l'armé française opposée au prince d'Orange, qu'il arrêta au pont de Marchiennes. Il s'avança ensuite sur Mons, à la tête de trois divisions, força le camp retranché du Mont-Panisel, le passage de la Boër, rejeta l'ennemi sur la rive droite du Rhin, et entra dans Maëstricht, après vingt-huit jours de tranchée ouverte, et quarante-huit de bombardement. Il vint ensuite commander l'aile gauche de l'armée de Jourdan, et dirigea le passage du Rhin devant Dusseldorf, dans le mois d'octobre 1795.

Lorsque cette armée, qui s'avança alors jusque sur le Mein, fut obligée de se retirer, ayant été tournée par le général Clairfayt,

Kléber dirigea sa retraite avec le plus grand sang-froid et la plus rare intrépidité. A l'ouverture de la campagne suivante, il contribua puissamment aux succès qu'obtint d'abord le général Jourdan, et ce fut lui qui, à la tête de l'aile gauche, près avoir forcé le passage de la Rieg, mit en pleine déroute l'armée du prince de Wurtemberg, sur les hauteurs d'Altenkirchen ; mais il eut bientôt sur les bras toute l'armée du prince Charles, forte de soixante mille hommes. Il n'en avait que vingt mille, qu'il mit en position sur les hauteurs d'Ukrad, et avec tant d'habileté, qu'ils ne furent point entamés. Il battit ensuite le général Krai à Kaldieck, et le prince de Wartensleben, à Friedberg. Pendant les premiers jours d'août, il commanda l'armée par intérim, et annonça que sa communication était opérée avec l'armée de Rhin-et-Moselle, par Heilbronn.

Francfort lui ouvrit ses portes, lorsque, par l'effet d'une intrigue et de la jalousie qu'inspiraient ses talens, il fut éloigné de l'armée au moment même où il avait mérité d'en avoir le commandement en chef. Il fut désigné, l'année suivante, dans les feuilles publiques, comme général en chef de l'armée de Sambre-et-Meuse ; mais Hoche eut sur lui la préférence. Mécontent du Directoire, Kléber avait quitté l'armée, et s'était retiré à Paris, où il vivait dans la retraite et l'étude. Il acheta une maison de campagne dans les environs, et il s'y occupait à rédiger des mémoires sur ses campagnes, lorsque Bonaparte, nommé chef de l'expédition d'Égypte, l'engagea à le suivre, comme étant un des généraux les plus capables de faire réussir l'entreprise.

A peine débarqué, Kléber marcha sur Alexandrie, où il reçut une blessure grave à l'escalade des remparts. Bonaparte, se dirigeant aussitôt vers le Caire, lui laissa le commandement d'Alexandrie. Pendant le siége de Saint-Jean-d'Acre, il fut détaché du camp, battit les Turcs dans la plaine, et les força de se retirer en désordre vers le Jourdain. Après la levée du siége, il commanda l'arrière-garde, et protégea efficacement la retraite de l'armée. Rentré en Égypte, il signala sa valeur au combat d'Aboukir, où l'armée turque fut défaite. Telle était enfin la considération dont il jouissait dans l'armée d'É-gypte, que Bonaparte, qui ne l'aimait point, et qu'il avait deviné depuis long-temps, ne put se dispenser de lui en laisser le commandement, lorsqu'il abandonna ses soldats pour repasser en Europe.

Kléber reçut ce commandement plutôt comme un fardeau que comme une faveur. L'armée était affaiblie par les combats et par les marches dans le désert; elle n'avait ni argent, ni munitions, et aucun espoir de voir venir de secours, tandis que le grand-visir Youssouf s'avançait avec quatre-vingt mille hommes et soixante pièces de canon, par la route de Damas. Déjà même, le fort d'El-Arisch était en son pouvoir, et une partie de l'Égypte se soulevait en sa faveur. Kléber, qui ne recevait de France que des nouvelles affligeantes, crut qu'il valait mieux songer à sauver sa patrie, que de s'obstiner à conserver l'Égypte, et il n'hésita pas à faire le sacrifice de la gloire qu'il aurait pu y acquérir contre les Turcs, en continuant avec eux les négociations entamées par son prédécesseur. Il s'agissait de séparer leurs intérêts politiques de ceux des Anglais et des Russes ; mais le visir dépendait trop des Anglais. Kléber négocia par l'entremise du commodore Sidney-Smith, et, par la convention d'El-Arisch, l'armée française dut être embarquée et transportée en France avec armes et bagages ; l'Égypte devait être entièrement évacuée, et tous les Français, détenus dans les villes de la domination turque, mis en liberté.

Fidèle à ce traité, Kléber venait de livrer aux Ottomans tous les forts de la Haute-Égypte et la ville de Damiette ; il se disposait même à évacuer le Caire, lorsque l'amiral

Keith lui écrivit qu'un ordre de son gouvernement lui défendait de permettre l'exécution d'aucune capitulation, à moins que l'armée française ne mît bas les armes, et ne se rendît prisonnière de guerre. Indigné, Kléber fit imprimer cette lettre, pour lui servir de manifeste, et se contenta d'y ajouter ces mots : « Soldats! aux armes! vous répondrez à une » telle insulte par des victoires. »

L'évacuation de la partie orientale de l'Égypte, la marche des Turcs, concertée avec les Anglais, et la concentration de l'armée française, qui se fit rapidement, ne pouvaient manquer d'amener une journée décisive. Kléber développa sa petite armée dans les plaines de Coubé, et enleva d'abord le village de Matarieh, où l'avant-garde turque était retranchée. En s'approchant de l'obélisque d'Héliopolis, il aperçut l'armée du grand-visir en bataille, et dix fois supérieure en forces. Il l'attaqua immédiatement, la poussa devant lui, s'empara du camp d'El-

Hanka, emporta le fort de Belbeys, disper-
sant cette multitude immense à travers le
désert, et s'emparant, à Salahieh, de tous ses
bagages et d'un butin prodigieux.

Cependant l'insurrection avait éclaté à
Boulac et au Caire. Kléber reprit cette capitale
de vive force, et recommença, en quelque
sorte, la conquête de l'Égypte. Il apprit
presque aussitôt la révolution du 18 brumaire, qui plaçait Bonaparte à la tête du gouvernement français, et il conçut alors l'espoir
que son armée serait secourue. La victoire
d'Héliopolis lui assurait, au moins pour un
an, la possession paisible de l'Égypte. L'armée elle-même, dont la position était amélio-
rée, manifestait le désir de conserver une
conquête dont elle sentait toute l'importance ;
et les Égyptiens, étonnés de voir le grand-
visir battu par une poignée de Français,
étaient persuadés que tous les efforts des Turcs
seraient désormais inutiles.

Les contributions extraordinaires, imposées à la ville du Caire, en punition de sa révolte, donnèrent à Kléber les moyens de payer l'arriéré, qui s'élevait à onze millions, y compris la solde. Il forma une légion grecque, ainsi qu'un corps de Coptes, qu'il fit instruire et habiller à la française. Il établit un parc de cinq cents chameaux, toujours disponibles, et des ponts-volans sur le Nil, pour faciliter le passage du fleuve aux troupes qui auraient à marcher de la côte sur la frontière de Syrie. Après avoir mis un terme aux dilapidations, il établit un comité administratif, et pourvut à la sûreté comme à la prospérité de l'Égypte, s'élevant ainsi à la hauteur du guerrier homme d'État. Le 3 juin 1800, il fit une tournée en Égypte, au moment même où il méditait un traité séparé avec les Turcs, qu'il voulait détacher de l'Angleterre. Enfin, après avoir passé, le 14 juin, dans l'île de Raouda, la revue de la légion grecque, il revint au Caire voir les embellissemens qu'on faisait à son hôtel, et il se promenait

sur la terrasse de son jardin, avec son archi-
tecte, lorsqu'il fut percé de quatre coups de
poignard, par un jeune Turc, nommé Soleï-
man, poussé, dit-on, par le fanatisme à cette
action atroce, et qui périt du supplice le plus
affreux (le pal) réservé à la juste punition
du crime.

A la nouvelle de ce funeste évènement,
l'opinion publique en France accusa presque
ouvertement Bonaparte d'avoir armé le bras
de l'assassin, par ses émissaires, pour se venger de Kléber, qui s'était exprimé sur son
compte avec beaucoup de franchise, dans une
dépêche adressée au Directoire exécutif, et qui
fut interceptée et publiée par les Anglais. On
était d'ailleurs dans l'idée que jamais Kléber
n'eût enduré l'usurpation de Bonaparte. Le
général Menou, qui lui succéda dans le commandement, montra une telle animosité
contre sa mémoire, qu'il fut dès lors violemment soupçonné d'avoir été lui-même l'instru-
ment caché de la vengeance de Bonaparte;

mais ces bruits paraissent n'avoir été imaginés que par la malignité et la passion ; car, depuis cette époque, on n'a rien écrit qui puisse raisonnablement infirmer les relations officielles sur la mort du héros de l'Alsace.

L'oraison funèbre de Kléber fut prononcée, à Paris, par le sénateur Garat, sur la place des Victoires, où d'abord on lui décerna un monument qui n'a pas été achevé. Cet habile général fut, sans contredit, l'un des plus grands hommes de guerre qu'ait produits la révolution française. Il joignait l'enthousiasme d'une ame indépendante et élevée au sang-froid d'un chef maître de lui-même, et l'expressive fierté du regard, à une voix dont l'éclat arrêtait les séditions et couvrait les murmures des soldats. Habituellement juste et équitable, Kléber se laissait trop facilement entraîner à la colère ; mais si sa franchise était brusque et sans ménagement, son ame altière était aussi sans faiblesse.

JEAN-JACQUES ROUSSEAU.

Jean-Jacques Rousseau, né à Genève, le 28 juin 1712, était fils d'un horloger de cette ville; sa naissance coûta la vie à sa mère. « J'ignore, dit-il, ce que je fis jusqu'à cinq ou six ans : je ne sais comment j'appris à lire; je ne me souviens que de mes premières lectures et de leur effet sur moi. Ma mère avait laissé des romans, nous nous mîmes à les lire après souper, mon père et moi. Il n'était question d'abord que de m'exercer à la lecture par des livres amusans; mais bientôt l'intérêt devint si vif que nous lisions tour à tour sans re-

3.

lâche, et passions les nuits à cette occupation. Nous ne pouvions jamais quitter qu'à la fin du volume. Quelquefois mon père, entendant le matin les hirondelles, disait tout honteux : « Allons nous coucher, je suis plus enfant que toi. » L'année suivante, des livres plus convenables furent mis entre ses mains ; Plutarque, surtout, devint sa lecture favorite. Il se pénétrait tellement du caractère de ses héros, qu'un jour qu'il racontait à table l'aventure de Scévola, on fut effrayé de lui voir avancer et tenir sa main sur un réchaud pour représenter son action. Il avait un frère pour lequel il témoigna une bonté de cœur, belle dans tous les âges de la vie, mais plus admirable encore dans l'enfance. « Je me souviens, dit-il, qu'une fois que mon père le châtiait rudement et avec colère, je me jetai impétueusement entre eux deux, l'embrassant étroitement. Je le couvris ainsi de mon corps, recevant les coups qui lui étaient portés, et je m'obstinai si bien dans cette attitude, qu'il fallut enfin que mon père lui fit grâce, soit désarmé par mes cris et mes larmes, soit pour ne pas me maltraiter plus que lui. » Parmi ces méfaits enfantins, Jean-Jacques s'accuse, dans ses Confessions, d'avoir pissé dans la marmite d'une vieille femme, sa voisine, tandis qu'elle était au prêche, parce qu'elle était extrêmement grognon. Quelque espièglerie le fit condamner un jour à aller coucher sans souper : « Passant par la cuisine avec mon triste morceau de pain, dit-il, je vis et flairai le rôti tournant à la broche. On était autour du feu; il fallut, en passant, saluer tout le monde. Quand la ronde fut faite, lorgnant du coin de l'œil ce rôti qui avait si bonne mine et qui sentait si bon, je ne pus m'abstenir de lui faire aussi la révérence, et de lui dire d'un ton douloureux : Adieu, rôti! Cette saillie de naïveté parut si plaisante, qu'on me fit rester à souper. »

Mis en pension avec un de ses cousins, ils s'avisèrent, un jour que leur maître avait planté un noyer dans son jardin, de vouloir aussi faire une plantation. Ils coupèrent donc une bouture d'un jeune saule, et la plantèrent à huit ou dix pieds du noyer. Comme ils ne pouvaient se procurer l'eau nécessaire pour faire prendre cette bouture, ils s'avisèrent de former, sans qu'on s'en aperçût, une rigole couverte qui allait du noyer jusqu'au saule ; de sorte que l'eau dont le maître de pension arrosait son arbre s'en allait à celui auquel elle n'était pas destinée. Le maître s'en aperçut : un aqueduc ! s'écria-t-il, un aqueduc ! et aussitôt avec une pioche il frappe de toute part des coups impitoyables, dont chacun portait au cœur des deux petits planteurs. Les planches qui formaient la rigole volent en éclats, et en un moment, le conduit, le bassin, le saule, tout fut détruit, tout fut labouré, sans qu'il y eût, durant cette expédition terrible, nul autre mot prononcé, sinon : Un aqueduc ! un aqueduc ! « Ce fut ici, » dit Rousseau, « mon premier mouvement de vanité bien marquée. Avoir pu construire un aqueduc de nos mains, avoir mis une bouture en concurrence avec un grand arbre, me paraissait le suprême degré de la gloire. A dix ans j'en jugeais mieux que César à trente. »

A seize ans, Rousseau quitta la maison paternelle et se livra à diverses professions jusqu'à l'âge de trente-huit ans qu'il sortit de son obscurité. L'académie de Dijon avait proposé cette question : Si le rétablissement des arts et des sciences a contribué à épurer les mœurs ? Rousseau soutint la négative, et son discours, qui parut le mieux écrit et le plus profondément pensé de tous ceux qui concoururent, obtint la palme académique. Cette opinion fut attaquée, son auteur la défendit, et par cette lutte, Rousseau se trouva dans la carrière des lettres où il déploya un si grand talent. Il mourut à Ermenonville, le 2 juillet 1778, à l'âge de soixante-six ans.

MONTEBELLO.

JEAN LANNES, maréchal de l'empire, duc de Montebello , naquit à Lectoure, le 11 avril 1769. Ses parens étant peu fortunés, il fut obligé de travailler , bien jeune encore ; mais cela ne l'empêcha pas de se livrer avec ardeur à l'étude.

La révolution française éclata. Une ardeur guerrière s'empara aussitôt de tous les cœurs, et le jeune Lannes, jaloux d'être un des premiers à se montrer dans les champs de la gloire, partit en qualité de sergent dans le bataillon du Gers,

qui allait rejoindre l'armée des Pyrénées orien-
tales. Le courage et les talens qu'il déploya dès
ses premiers pas dans la carrière militaire le
firent remarquer de ses chefs, qui s'empres-
sèrent de lui procurer de l'avancement. Il monta
ainsi rapidement de grade en grade, et fut, en
peu de temps, élevé à celui de colonel.

La paix signée avec l'Espagne, le gouvernement français fit plusieurs réformes. Lannes,
par une injustice dont il ne se vengea que par
le plus noble dévouement pour sa patrie, fut
du nombre de ceux qui se virent condamnés
à l'inaction. Indigné de ce repos, mais trop
fier pour descendre à de basses sollicitations,
il se rendit, comme simple volontaire, à l'armée d'Italie, que commandait Bonaparte. Sa
valeur, long-temps retenue, n'en eut qu'un
plus brillant essor. Bonaparte, témoin de celle
qu'il montra à la journée de Millesimo, le
nomma, sur le champ de bataille même, colonel
du vingt-neuvième régiment.

La reconnaissance est un besoin pour les

grandes ames. Lannes s'efforça de prouver toute l'étendue de la sienne, en secondant, par ses généreux efforts, ceux du jeune héros qui venait de lui rendre son rang et ses espérances. Mais ce n'est plus par de simples exploits qu'il désire de se signaler, il aspire à des prodiges, et il n'est bruit dans l'armée que de ceux qu'il opère. A Bassano, il s'empare de deux drapeaux. Au passage du Pô, à la bataille de Lodi, à l'assaut de Pavie, on le voit partout où le péril est le plus grand. Nommé général de brigade, il fait, en cette qualité, le siége de Mantoue, et enlève à la baïonnette le faubourg Saint-George. Au combat de Governolo il enfonce, culbute, et met l'ennemi en pleine déroute. Il y reçoit plusieurs blessures; mais, surmontant la douleur qu'elles lui causent, il se trouve, quelques jours après, à la bataille d'Arcole, et partage la gloire de cette mémorable journée.

L'armée française, poursuivant ses victoires, marcha sur Rome. Lannes, chargé de l'attaque d'Imola, s'empara, l'épée à la main, des retranchemens de cette ville, et ce coup d'éclat décida la soumission du saint père. Il était juste que le vainqueur devînt le négociateur de la paix. Lannes fut envoyé auprès du souverain pontife, et ce fut lui qui régla les conditions du traité que la cour de Rome fit avec la France.

La paix ayant été signée, l'année suivante, avec l'empereur d'Allemagne, le général Lannes se rendit dans la capitale, où il fut initié dans tous les plans qui avaient pour but l'expédition qu'on projetait alors contre l'Angleterre; mais le gouvernement français ayant adopté d'autres vues, il brigua l'honneur d'être du nombre des guerriers qui devaient accompagner Bonaparte en Égypte. Constamment placé à l'avant-garde, il signala sa valeur à Malte, au débarquement d'Alexandrie, ainsi que dans les combats qui précédèrent l'entrée triomphante des Français dans la ville du Caire. C'est vainement que les Mameloucks lui opposent la plus vigoureuse résistance, il les bat toutes les fois qu'il les rencontre, et les contraint de prendre la fuite. Au siége de Jaffa, il pénètre dans le centre de la ville, après avoir enlevé, l'une après l'autre, les maisons qui y conduisent; il escalade deux forts et s'y établit malgré les troupes qui le défendent. A celui de Saint-Jean-d'Acre, il dirige plusieurs attaques, et le plus brillant succès couronne toutes ses entreprises; mais c'est surtout à la bataille d'Aboukir qu'il déploie les plus rares talens et la valeur la plus soutenue. Il chasse de la montagne de Sables les Turcs qui la défendent avec six canons de gros calibre, les met en fuite, et les poursuit jusqu'à la mer, où le plus grand nombre, saisi de terreur, se précipite. Ce poste enlevé, il investit la ville d'Aboukir, s'emparc des retranchemens qui l'environnent, et ne quitte le combat que lorsqu'une blessure des plus graves le met dans l'impuissance de le poursuivre.

Cependant des circonstances politiques empêchent les Français de profiter de leurs avantages. Lannes revient en France, et l'honneur de déposer dans l'église des Invalides les trente-deux drapeaux qui ont été pris en Égypte par l'armée d'Orient lui est confié. La révolution du 18 brumaire arrive, et Lannes, qui a participé au succès de cette heureuse journée, est envoyé à Toulouse en qualité de commandant de la division militaire. Sa sagesse, sa prudence et sa fermeté contiennent les factions, apaisent les troubles et rapprochent les partis. L'armée de réserve, destinée à la délivrance de l'Italie, se forme; il y vole, et seconde par sa bravoure et son intelligence les immortels travaux de Bonaparte. Son exemple et son discours portent dans l'ame du soldat cette intrépidité qui le caractérise, et devant laquelle les plus grands obstacles s'aplanissent. « Camarades, » dit-il à ses troupes, en les conduisant au second assaut de Pavie, « nous marchons pour » cueillir de nouveaux lauriers. Je renverrai » sur les derrières de l'armée le soldat in- » digne qui se souillera d'une atteinte aux » propriétés ; il expiera dans la nullité et le » mépris le crime d'avoir compromis le nom » français, qui fut confié, si grand, à votre » courage. » Pleine d'un noble enthou- siasme, sa division se couvre de gloire au pas- sage du Pô, à l'attaque de la position de la Stradella, et aux batailles de Casteggio et de Marengo. L'ennemi est partout culbuté et contraint de chercher son salut dans la fuite.

Mais ce n'est pas seulement dans les champs de la victoire que Lannes obtint des titres à l'illustration. A la cour, où il est appelé, à l'époque de son élévation, à la dignité de ma- réchal de l'empire, il se distingue par une franchise admirable et une aversion marquée pour toute espèce d'intrigues. Nommé à l'ambassade de Lisbonne, il y soutient l'honneur du nom français, malgré l'influence de l'Angleterre. La guerre avec les puissances coalisées éclate. Il quitte aussitôt le Portugal, et l'Allemagne devient le théâtre de ses exploits. Austerlitz, Iéna, Eylau et Friedland ajoutent à sa brillante renommée, et ses hauts faits figurent au premier rang dans le récit de ces mémorables batailles. La paix faite, le maréchal va chercher de nouveaux lauriers en Espagne. La journée de Tudela et le siége de Saragosse en couvrent son front. La bravoure, le sang-froid, la constance et les talens militaires qu'il déploie dans cette dernière attaque le placent au rang des plus grands capitaines dont la France s'honore.

Sur ces entrefaites, l'Autriche arme de toute part, et bientôt on ne peut plus douter du dessein où elle est d'attaquer la France. L'empereur Napoléon fait un appel à tous ses braves, et le duc de Montebello s'empresse de venir se ranger sous ses drapeaux. Les plus éclatans succès sont les fruits de son audace, et la prise de Ratisbonne est due à son infatigable activité. Mais, hélas! le moment approche où Napoléon, l'armée et la France entière vont pleurer la mort du plus brave et du plus loyal des guerriers. La bataille d'Esling se donne, et le duc de Montebello est frappé d'un boulet qui lui emporte la cuisse. Il perd connaissance; on le transporte sur un brancard, auprès de l'empereur; et, dès qu'il revient à lui, son premier mouvement est de se jeter au cou de son souverain, en lui disant : « Dans une heure vous aurez perdu » celui qui meurt avec la gloire et la convic- » tion d'avoir été votre meilleur ami. » Quelques heures après, il rendit le dernier soupir. Ce fut le 31 mars 1809 que ce grand homme termina son illustre carrière. L'empereur, pour honorer sa mémoire, ordonna que son corps serait transporté, avec la plus grande pompe, de Strasbourg à Paris, où il fut d'abord déposé dans l'église des Invalides, et transféré ensuite solennellement au Panthéon, le 6 juillet 1810.

MENZIKOFF.

Menzikoff, ce célèbre favori du czar Pierre le Grand, dut sa haute fortune à la gaîté de son jeune âge et à la présence d'esprit qu'il déploya dans une circonstance que nous allons rapporter. Un jour que Pierre se trouvait à table avec les principaux seigneurs de sa cour, il entendit un petit garçon pâtissier qui annonçait dans les rues sa marchandise avec des propos joyeux ; il le fit appeler et l'interrogea pour s'amuser. Le jeune homme lui dit qu'il s'appelait Menzikoff, et répondit sans embarras à toutes les questions du monarque, qui,

charmé de sa bonne mine et de l'aisance de
ses manières, conçut de lui une opinion favo-
rable, et résolut de l'avancer. Il le plaça dans
une compagnie de ses gardes, où Menzicoff
se distingua par sa bonne conduite et par son
adresse dans tous les exercices militaires.
Pierre le retira bientôt des grades inférieurs
pour l'élever successivement aux premières
dignités de l'armée et aux places les plus émi-
nentes de l'empire. Il lui donna toute sa confiance, il en fit son ami de cœur, son confident, et en quelque sorte le dispensateur de
ses grâces. Ce favori parvint enfin, par un
chemin rapide, au commandement des armées.
Il fut généralissime des troupes, gouverneur
de province; il eut le titre et la dignité de
prince, et sa faveur subsista, dans le plus
haut degré, pendant tout le règne de Pierre
le Grand. Ce fut chez Menzicoff que le czar
vit pour la première fois cette célèbre Catherine, qui, de fille d'un simple paysan, fut
élevée au rang suprême par Pierre le Grand,

qui l'épousa , et la nomma pour lui succéder.

A la mort de ce prince , arrivée le 28 janvier 1727 , la couronne passa donc sur la tête de Catherine. Le crédit de Menzicoff devint tel , qu'il gouverna l'empire avec une puissance presque illimitée , ce qui lui suscita grand nombre d'ennemis puissans. Pour les perdre , il les accusa d'avoir tramé uue conspiration contre l'impératrice , dans le dessein de placer le grand-duc , son petit-fils , sur le trône : on le crut ; ils furent exilés , et il s'empara de leurs biens. Le règne de ce favori ne devait pas être de longue durée. En effet, Catherine étant morte deux ans après Pierre le Grand , Menzicoff fut dépouillé de tous ses biens et dignités par Pierre II , et exilé en Sibérie avec toute sa famille ; exemple terrible et mémorable des vicissitudes de la fortune.

LULLI.

Jean-Baptiste Lulli naquit à Florence en 1633 ; il vint en France à l'âge de douze ans, avec le chevalier de Guise, que *Mademoiselle* avait prié de lui choisir un petit Italien pour l'amuser. Cette princesse, après l'avoir vu, ne le trouvant pas à son goût, le relégua dans ses cuisines. Lulli, qui avait appris un peu de musique, y trouva par hasard un violon, et s'en occupa. Le comte de Nogent, qui l'entendit, lui trouva du talent et de la main, et en informa aussitôt cette princesse, qui lui donna un maître pour le perfectionner, et l'admit auprès de sa personne, en qualité de page. On rapporte de son jeune âge ce trait d'espièglerie : La princesse, se promenant un jour dans les jardins de Versailles, dit aux dames de sa suite : « Voilà un beau piédestal vide, sur lequel on aurait dû mettre une statue. » Lulli ayant entendu ces mots, la laissa continuer son chemin ; puis il se déshabilla entièrement, cacha ses habits derrière le piédestal, et se plaça dessus, attendant, dans l'attitude d'une statue, que la princesse repassât. Elle revint en effet quelque temps après, et ayant aperçu de loin une figure dans l'endroit où elle souhaitait qu'on en mît une, elle ne fut pas médiocrement surprise. « Est-ce un enchantement, » dit-elle, « que nous voyons ? » Elle s'avança, et ne reconnut la vérité que lorsqu'elle fut près de la figure. Les dames et les seigneurs qui accompagnaient *Mademoiselle* voulaient faire punir sévèrement la statue, mais la princesse lui pardonna en faveur de la saillie singulière ; et cette folie, qui semblait devoir perdre Lulli, fut le premier pas qui le conduisit à la fortune.

Ce musicien célèbre adapta habilement son art au génie de la langue française, et mérita par là d'être regardé comme l'instituteur de notre musique. Il mourut à Paris, le 22 mars 1687.

BESSIÈRES.

Jean-Baptiste Bessières naquit à Pressac,
département du Lot, le 6 août 1767, fils d'un
bourgeois de cette ville. Il entra, en décembre 1791, dans la garde constitutionnelle de
Louis xvi. Au 10 août, il fut assez heureux
pour pouvoir sauver, au péril de sa vie, plusieurs personnes de la maison de la reine. Au
mois de novembre 1792, il passa, en qualité
d'adjudant-sous-officier, dans les chasseurs à
cheval de la légion des Pyrénées, et devint
successivement capitaine dans le 22ᵉ régiment de chasseurs à cheval. Il se fit re-

marquer à l'armée d'Espagne, dans les affaires de Bascara, Besalu, Lafluvia, etdans
les combats qui se livrèrent au milieu des
plaines de Figuières, et son courage éclata
bientôt dans la valeureuse armée d'Italie.

A la tête de six chasseurs du 22e, Bessières enleva deux canons autrichiens,
au combat de Roveredo. Dans une autre
affaire, s'étant précipité sur une batterie,
son cheval est tué. Il s'élance alors sur une
pièce, et les canonniers ennemis le sabrent.
Deux de ses chasseurs volent vers lui, et, avec
leur secours, il prend et emmène la pièce de
canon.

Ces actions d'éclat fixèrent l'attention du
général Bonaparte, qui lui donna le commandement de ses guides. Ce corps intrépide,
avant etdepuis cette époque, fut le premier
noyau de la garde impériale. Cependant il ne
faisait que commencer alors cette haute renommée de bravoure, à laquelle il est par-

venu, et sous les ordres de son digne chef, et sous ceux du prince Eugène Beauharnais.

Colonel des guides, pendant l'expédition d'Égypte, Bessières se signala devant Saint-Jean-d'Acre et à la bataille d'Aboukir, qu'il ne faut pas confondre avec le combat naval du même nom. A Marengo, le général Bessières, jaloux de donner à la troupe d'élite qu'il commande l'honneur de la dernière charge, s'élance sur l'ennemi, le fait plier, et détermine sa retraite générale, en portant le trouble et l'effroi dans ses rangs.

Le général Bessières fut compris dans la promotion des maréchaux de l'empire, du 19 mai 1804, et élevé à la dignité de duc d'Istrie, en mars 1808. Il fut envoyé, cette même année, en qualité d'ambassadeur et de ministre plénipotentiaire, près la cour de Wurtemberg, à l'occasion du mariage du prince Jérôme. Constamment attaché à la garde impériale, chargé toujours de son commandement, le maréchal joignit celui d'un corps de cavalerie de l'armée.

Pendant la campagne de 1805, en avant de Brum, sur la route d'Olmutz, à la tête de la cavalerie de la garde, et de la division des cuirassiers d'Hautpoult, il culbuta et mit en déroute six mille cavaliers russes qui formaient l'arrière-garde de Kutusow, enfonça la garde noble russe, et perça le centre de l'armée ennemie, qui perdit, dans cette charge, vingt-sept pièces de canon.

Dans la campagne de Russie, Bessières, commandant le deuxième corps de réserve de cavalerie, composé de cinq divisions, servit, de la manière la plus brillante, aux fameuses batailles d'Iéna, Heilsberg et Friedland. A Biezem, en avant de Thorn, il enleva aux Prussiens cinq pièces de canon, deux étendards, et fit huit cents prisonniers. A la bataille d'Eylau, la cavalerie de la garde, commandée par le maréchal, jointe aux di-

4.

visions Milhaud, Klein, Grouchy et d'Hautpoult, avait exécuté, sur l'aile droite de l'armée russe, une charge terrible, qui culbuta
vingt mille hommes d'infanterie, et leur fit
perdre leur artillerie. Le maréchal eut un
cheval tué sous lui, au milieu de cette charge.

En 1808, Bessières reçut le commandement de l'une des armées qui entrèrent en
Espagne, et qui prit le nom de deuxième
corps. Il établit d'abord son quartier général
à Burgos. Bientôt, par son activité, ses bonnes
dispositions, et surtout par une administration douce et paternelle, il eut calmé ou dis-
sipé les insurrections qui éclataient dans ces
provinces.

Cependant Cuesta, qui était parvenu à organiser une armée espagnole, forte de quarante mille hommes, marchait pour couper
la communication de Madrid avec la France.
Quoique Bessières n'eût pas plus de treize à
quatorze mille hommes dont il pût disposer,
il se porta au devant de Cuesta, attaqua son

armée rangée en bataille sur les hauteurs de Medina-del-Rio-Secco, et défendue par quarante pièces en batterie. Les Espagnols furent mis dans une déroute complète, et laissèrent sur le champ de bataille neuf cents hommes tués, six mille prisonniers, leur artillerie et leurs munitions.

Le coup d'œil et les dispositions du maréchal assurèrent le succès de cette victoire, qui fut assez vivement disputée ; mais la gloire qu'il venait d'acquérir fut entière, par les ordres qu'il donna pour sauver des horreurs du pillage une ville qui venait d'être enlevée de vive force. Il poursuivit l'ennemi sur Benavente et Léon, où il prit une quantité considérable de fusils anglais. On assure que, à la nouvelle de cette victoire, Napoléon dit : « C'est une seconde bataille de Villa-Viciosa ; » Bessières a mis mon frère Joseph sur le trône » d'Espagne. » Le maréchal fit, avec une très grande activité, la fin de la campagne de 1808, et, à la tête de la cavalerie, il exécuta des charges très brillantes, à la bataille de Burgos et au combat de Sommosierra.

La nature de son service forçait le duc d'Istrie à se transporter successivement sur chacun des théâtres de la guerre où se dirigeait Napoléon, et, par cela même, il fut souvent privé des commandemens d'armées, agissant isolément, auxquels il avait acquis de si justes droits. Il fit la campagne d'Allemagne, en 1809, comme commandant la cavalerie de la garde, avec une réserve de troupes de la même armée. Après avoir culbuté un gros corps de cavalerie, vers Landshut, il contribua puissamment aux avantages obtenus devant cette ville. L'empereur le chargea de suivre les cinquième et sixième corps autrichiens, dans leur retraite sur l'Inn, avec deux divisions d'infanterie, et la brigade Marulaz. Le général Hiller était supérieur en forces : le maréchal, par des dispositions habiles et une attitude vigoureuse, contint le général ennemi, lui disputa le terrain, et le frustra des avantages que sa position et que sa supériorité pouvaient lui faire espérer. Bessières contribua également aux succès obtenus par le corps de Masséna, à Ébersberg.

A la bataille d'Essling, le prince Charles menaçait le centre de l'armée française, à peu près dégarni de troupes, entre Essling et Aspern, et il était de la plus haute importance qu'il ne pût y pénétrer. Le maréchal Bessières, à la tête de la cavalerie de l'armée, chargea les colonnes autrichiennes. Il dut déployer, sur ce point, le plus brillant courage, car cette charge était une sorte de dévouement. Il fallut se précipiter tête baissée sur l'ennemi, et, à tout prix, empêcher qu'il ne s'établît au milieu de notre centre. Le général d'Espagne, plusieurs colonels et un grand nombre d'officiers y périrent ; mais les Autrichiens furent repoussés, et mis dans un tel désordre, qu'ils ne purent recommencer cette attaque.

Bessières contribua puissamment à la mémorable victoire de Wagram, en chargeant, avec toute la cavalerie de l'armée, sur le flanc des colonnes autrichiennes. Au milieu de cette charge, il fut atteint d'un boulet, qui le renversa de cheval. [L'empereur lui dit : « Bessières, voilà un beau boulet ; il a fait » pleurer ma garde !'» En effet, ces braves n'avaient pu retenir leurs larmes, en voyant tomber un chef qu'ils adoraient.

Le duc d'Istrie remplaça le prince de Ponte-Corvo dans le commandement de l'armée du Nord, chargée de reconquérir Flessingue sur les Anglais. Par la sagesse de ses mesures et par son activité, il hâta le moment de la reddition de cette place. Les difficultés de la guerre d'Espagne réclamaient la présence du maréchal, qui y avait laissé de nobles et de touchans souvenirs. Il y fut envoyé en 1811, comme gouverneur de la vieille Castille et du royaume de Léon et comme commandant en chef l'armée du Nord. Son retour dans ce pays fut un véritable triomphe pour lui, et causa une grande joie aux habitans. Là il put déployer toute la générosité et toute la fermeté de son caractère, ainsi que la bonté de son cœur et ses connaissances dans la haute administration.

Lorsque l'armée anglaise s'approcha de ces contrées, il seconda, autant qu'il fut en lui, les efforts du maréchal Masséna, et se rendit même auprès de lui pendant la bataille de Fuente d'Onoro. Le duc d'Istrie fit la campagne de Russie avec la garde, et comme commandant en chef un grand corps de cavalerie. La facilité des triomphes obtenus pendant la marche victorieuse des Français sur Moskow laissa peu à faire à ce corps d'élite; mais, au retour, lorsque la garde se trouva conservée, presque seule au milieu des débris de cette armée, frappée de tous les fléaux, le maréchal Bessières, comme tous ses compagnons d'armes, eut de fréquentes occasions de déployer une force et une activité extraordinaires.

A l'ouverture de la campagne de 1813, le duc d'Istrie se trouvait appelé à un commandement qui devait montrer, dans leur vrai jour, toutes les ressources de ses talens militaires. Il commandait en chef toute la cavalerie de l'armée. Le 1er mai, veille de la bataille de Lutzen, le maréchal pressait l'attaque du défilé de Rippach, et se portait, selon sa coutume, au plus fort du danger, à la tête des tirailleurs à pied. Au moment où ce défilé était emporté, le maréchal fut frappé dans la poitrine, d'un boulet qui le laissa sans vie. Sa mort fut cachée à l'armée, jusqu'à ce qu'elle eût reçu une sorte de compensation dans l'importante victoire du lendemain.

Le duc d'Istrie, retenu auprès de l'empereur par son service de colonel-général de la garde, a attaché son nom à tout ce qui s'est fait de grand et de merveilleux dans le temps de nos triomphes. Il porta à la cour les vertus du vrai citoyen; il s'y fit distinguer entre ses rivaux de gloire, par la fidélité, la franchise, la loyauté, et surtout par une qualité trop rare, celle d'oser dire la vérité à ceux qu'on cherche toujours à tromper, et de persister dans des conseils sages, que le dévouement inspire quelquefois, mais qu'il ne faut pas toujours pardonner.

On admirait dans Bessières cette inépuisable bonté, cette simplicité antique, et cette douce familiarité avec les héros de cette immortelle garde, dont il se glorifiait d'être sorti : familiarité touchante, qui rendait populaire la plus illustre dignité des armées! Par la douceur et la vigilance de ses soins administratifs, il ne se fit pas moins chérir des peuples vaincus que de ses propres soldats, et à sa mort, au milieu d'une guerre envenimée, l'Espagne en donna une preuve bien touchante; car les villes et les villages des provinces du Nord, non occupés par les troupes françaises, firent célébrer des services funèbres en son honneur; irrécusables témoignages de sa conduite et de leur reconnaissance!

Le maréchal les avait protégés et secourus, autant que le permettaient ses devoirs dans le commandement militaire. Dès son arrivée à

Valladolid, il avait ouvert les prisons et rendu à la liberté tous ceux que des mesures arbitraires ou trop rigoureuses y retenaient. Il avait fait restituer aussi aux familles beaucoup d'objets confisqués ; et, lors de la suppression des couvens, il avait mis tous ses soins à la conservation de leur argenterie, qui fut déposée dans les autres églises.

Les diverses campagnes de Bessières en Autriche, en Prusse et en Pologne, furent marquées par des traits de désintéressement et de bienfaisance. A Moskow, pendant l'incendie, une foule d'habitans mourant de faim se réfugia dans son palais, comme dans un lieu d'asile, sous la protection de sa renommée. Le maréchal était au moment de se mettre à table : touché de tant de misère, il dit à son état-major : « Messieurs, allons chercher un dîner ailleurs, » et il ordonna de faire asseoir à sa table cette foule affamée, en se dérobant à sa reconnaissance.

Pendant la retraite de Russie, il sauva la

vie à plusieurs personnes. Autant occupé de secourir ses soldats que de s'exposer aux poursuites de l'ennemi, il se chargea d'un enfant, dont la mère venait de mourir, au passage de la Bérésina. Il est une foule de traits pareils de bienfaisance, bien plus touchans encore, étant alliés à tant d'héroïsme. Sa modestie les cachait avec une sorte de pudeur, et ce n'est que du hasard ou de la reconnaissance qu'on a pu en apprendre quelques uns.

LA HARPE.

Jean-François de La Harpe naquit à Paris le 20 novembre 1739. Son père, issu d'une ancienne famille noble de Suisse, passa au service de France en qualité de capitaine d'artillerie. Ses talens, sa bravoure personnelle lui valurent la croix de Saint-Louis ; mais, comme le chemin de l'honneur ne conduit pas toujours à la fortune, M. de La Harpe mourut sans laisser à ses enfans la moindre ressource, et ces infortunés, encore en bas âge, se virent menacés de ne pas recevoir même l'éducation la plus commune. Le petit Jean-François fut nourri

six mois par les sœurs de la Charité de la pa-
roisse Saint-André-des-Arcs. Sans une circonstance heureuse, il serait peut-être mort in-
connu, misérable, et la France compterait un
grand écrivain de moins. M. Asselin, principal du collége d'Harcourt, homme éclairé et
bienveillant, enchanté de la grace, de l'aisance
avec lesquelles le jeune La Harpe lui récita
quelques vers français, l'accueillit avec bonté,
et l'admit, à ses frais, au nombre de ses élèves,
jusqu'au moment où il put obtenir une bourse.

Vivement touché de tant de procédés généreux, l'élève voulut justifier par son travail,
par ses succès, l'intérêt que son maître prenait à lui ; ses premiers essais furent heureux,
et bientôt l'Université n'eut plus que des couronnes à lui décerner ; il doubla sa rhétorique
et deux années de suite il eut le prix d'honneur et tous les autres prix. Cela était sans
exemple, et un si beau triomphe ne pouvait

pas rester ignoré : aussi, dès ce moment, les gens les plus distingués s'empressèrent-ils d'accueillir le jeune vainqueur.

Mais, hélas! avant de terminer la carrière de ses études, avant de quitter le collège, où il laissait de si glorieux souvenirs, un chagrin très vif était venu déchirer son ame.

Quelques écoliers avaient fait une satire contre un professeur très ridicule, objet continuel de leurs plaisanteries; ils la communiquèrent à La Harpe, qui, de bonne heure, avait annoncé un talent distingué pour la poésie : notre jeune Aristarque la lut, et s'empressa d'en faire disparaître plusieurs fautes qui blessaient le bon goût : complaisance funeste, dont il eut à se repentir, et qui influa dit-on, sur le repos du reste de sa vie! Cette première satire, dont on prétendait qu'il était l'auteur, fut promptement oubliée; mais bientôt on en vit paraître une autre contre M. Asselin lui-même, et l'on eut l'indignité de l'attribuer à La Harpe; en vain il protesta de

son innocence, de son respect, de sa vénération pour son instituteur, pour son second
père; l'envie étouffa ses cris, et cette faute,
qu'on se fût contenté de punir dans l'enceinte
du collége, si elle eût été commise par tout
autre écolier, parut un crime qu'on se crut
en droit de dénoncer au lieutenant-général
de police. Ce magistrat partagea l'indignation
générale, et l'auteur prétendu de ce fatal
écrit fut envoyé, pour quelques mois, dans
une maison de correction. On eut bientôt la
preuve que La Harpe n'avait eu aucune part à
ce misérable libelle; on voulut lui faire oublier
un instant de rigueur, mais son ame était
blessée : les premiers jours de sa jeunesse
étaient empoisonnés ; le ressentiment qu'il
conçut de ce châtiment injuste et flétrissant
remplit son ame d'idées et de projets de vengeance contre les oppresseurs; aussi, dans tous
les sujets qu'il a traités, l'a-t-on vu constamment préférer ceux où l'indignation, venant
au secours de l'innocence et de la faiblesse,
rétablit l'humanité dans tous ses droits.

Cette disposition a peut-être été le principe de cette amertume éloquente qui l'animait et qui fit de lui un adversaire si redoutable dans le genre polémique.

MÉTASTASE.

Paul-Bonaventure Métastase, dont le véritable nom était Trapassi, naquit à Rome, le 3 janvier 1698, de parens fort pauvres. Il s'enflamma l'imagination par la lecture du poème de la *Jérusalem délivrée*, et composa des vers qu'il venait chanter le soir sur une des places de Rome. Ces vers étaient si harmonieux, et le petit chanteur paraissait si aimable, qu'un nombreux auditoire se rassemblait habituellement autour de lui, et prodiguait les applaudissemens et les caresses.

Un barbier, grand parleur, grand conteur

d'anecdotes, comme presque tous ceux de sa profession, venait souvent entendre le jeune poète, et en parlait à tout le monde comme d'une merveille. Ce barbier comptait au nombre de ses pratiques un savant, connu par son zèle pour l'avancement des lettres; c'était le célèbre Gravina, instituteur de l'académie des Arcades : chaque fois qu'il venait le raser, il ne manquait pas de l'étourdir des louanges de son petit virtuose. Gravina, qui n'avait pas une haute opinion du goût de son barbier, le laissait parler sans beaucoup désirer de voir la merveille qu'on lui annonçait, présumant qu'il était question de quelque pauvre petit mendiant qui chantait, tant bien que mal, pour obtenir des aumônes.

Cependant, à force d'entendre toujours la même chose, il se sentit quelque curiosité, et se rendit, comme beaucoup d'autres, sur la place où le jeune chanteur avait établi son théâtre. Il écoute, et reste étonné de ce qu'il entend; il ne peut croire qu'un enfant de onze ans ait composé les vers qu'il vient d'admirer. Il s'approche, il caresse le petit poète, entre en conversation avec lui, et tâche de gagner sa confiance : cela ne fut très difficile. Trapassi répondit à toutes les questions avec autant d'esprit que de franchise, et pour lui prouver qu'il était l'auteur des vers qu'il venait chanter sur cette place publique, il en improvisa quelques uns avec autant de facilité que de modestie. Gravina, enchanté, demande à l'enfant s'il veut venir avec lui, et lui promet de soigner son éducation. On ne pouvait faire au jeune Trapassi une proposition qui lui fût plus agréable ; il courut aussitôt en avertir ses parens : ceux-ci, qui voyaient la fortune sourire à leur fils, se hâtèrent de le conduire eux-mêmes chez le savant qui voulait devenir son père. Gravina prit soin de former l'esprit de son fils adoptif, et changea son nom de Trapassi en celui de MÉTASTASE.

L'élève répondit à la bienveillance du maître, et remplit ses espérances. A quatorze ans, il composa une tragédie qui fut regardée comme une chose admirabl de la part d'un poète de cet âge. Il eut toujours les plus grands égards pour son protecteur : celui-ci, charmé de sa bonne conduite et de la reconnaissance qu'il ne cessait de lui témoigner, lui donna, en mourant, une dernière marque de sa satisfaction et de sa tendresse; il le fit son héritier.

Ce fut ainsi qu'un pauvre enfant, d'abord obligé de chanter sur une place publique, pour obtenir quelques secours nécessaires à son existence, devint un des premiers poètes de l'Italie, jouit d'une grande gloire, et, après quatre-vingt-quatre ans d'une existence qu'il rendit heureuse par son travail et sa sagesse, mourut le 12 avril 1782, laissant plus de cent mille écus de biens.

KELLERMANN.

FRANÇOIS-CHRISTOPHE KELLERMANN, fils d'un bourgeois de Strasbourg peu fortuné, naquit dans cette ville le 30 mai 1735. Un goût prononcé pour l'état militaire lui fit prendre du service comme simple hussard, ayant à peine atteint sa dix-septième année. Son zèle, son intelligence, sa passion pour les armes, le firent distinguer et aimer de ses chefs, et, ayant donné, pendant la guerre de sept ans, des preuves réitérées de ses talens et de son courage, il devint officier et obtint assez rapidement le grade de colonel du régiment de colonel-général-hussards, et, en 1788, il était maréchal de camp.

Kellermann adopta, avec enthousiasme, les principes de la Révolution, et fut envoyé en Alsace, afin d'arrêter l'indiscipline des troupes que fomentaient, en secret, les officiers ennemis du nouvel ordre de choses. Il y réussit en partie, et, pour retremper le moral des soldats, il les engagea à fréquenter les sociétés populaires, pures alors de tout esprit de démagogie. La ville de Landau lui décerna, en reconnaissance de son zèle patriotique, une couronne civique et des remercîmens solennels.

Kellermann, à l'époque du 10 août, adhéra, comme tous les fonctionnaires publics et chefs de corps, aux évènemens de cette journée, et prêta serment à la liberté et à l'égalité. Nommé, peu de temps après, commandant de l'armée de la Moselle, il fit sa jonction avec celle de Dumouriez, dans les plaines de Champagne. Chargé de 'défendre la position de

Valmy, le combat qu'il soutint le 19 septembre de la même année décida le succès de cette campagne, et eut pour résultat remarquable la retraite des troupes alliées. Il passa ensuite sous les ordres du général Custines, qui l'accusa à la Convention nationale d'avoir négligé de s'emparer de Trèves et de Mayence. Indigné d'un semblable rapport, Kellermann écrivit à la même assemblée « que cette dénonciation ne pouvait être que » l'effet de la folie ou du vin. »

Les généraux, à cette époque d'effervescence, étaient attaqués [ou défendus au gré des hommes dont le parti avait le plus d'influence, sans égard aux difficultés de la position dans laquelle ces généraux se trouvaient. Il fallait vaincre, pour n'être pas accusé, et la victoire ne préservait pas toujours d'absurdes dénonciations. C'est aussi ce qui arriva au général Kellermann ; il fut, tour à tour, protégé et accusé, soit dans son commandement de l'armée de la Moselle, soit lors du malheureux siége de Lyon, dont il conduisit les premières opérations sans beaucoup de succès. Fatigué d'être en butte à ces dénonciations journalières, il demanda à passer à l'armée des Alpes, où ses services contribuèrent à défendre les frontières méridionales de la France. Les dénonciations, toutefois, se renouvelèrent, et elles eurent assez de force, bien que dénuées de faits suffisans qui pussent les motiver, pour le faire destituer et arrêter.

Transféré à Paris, Kellermann fut conduit à la prison militaire de l'Abbaye, en septembre 1793, et il y resta jusqu'à l'époque de sa mise en jugement au tribunal révolutionnaire. C'était, heureusement pour lui, après la révolution du 9 thermidor, an ii, 27 juillet 1794, et il fut acquitté en 1795; il reprit le commandement de l'armée des Alpes et d'Italie, et ne put se faire remarquer que par une noble résistance à des forces bien supérieures aux siennes Bonaparte, alors, ayant été nommé, par le Directoire exécutif, commandant en chef de l'armée d'Italie, le général Kellermann conserva celui de l'armée des Alpes, qui fut regardée comme une réserve et une armée d'observation.

Étant à Paris, en 1797, et après avoir donné à la gendarmerie une organisation régulière, le général Kellermann reçut du Directoire l'ordre de se rendre à Lyon, et de mettre cette ville en état de siége. En 1798, se trouvant au théâtre d'Angers, il y reçut une couronne, qu'il s'empressa d'envoyer aux autorités constituées. De retour à Paris, il fut nommé membre du bureau militaire établi près le Directoire ; il prit peu de part à la révolution du 18 brumaire an VIII, 9 novembre 1799, et néanmoins il fut nommé membre du Sénat conservateur, dont il devint président, le 2 août 1801, et grand cordon de la Légion-d'Honneur, le 3 juillet de l'année suivante. Il obtint, peu de temps après, la plus honorable récompense de ses

5.

longs et utiles services, et il fut nommé maréchal de l'empire.

Kellermann était pourvu de la sénatorerie de Colmar, lorsque, en 1805, il se rendit dans les départemens du Haut et du Bas-Rhin, pour y organiser les gardes nationales. Sa reconnaissance pour le chef du gouvernement qui avait acquitté envers lui la dette de la patrie lui fit proposer, au mois de juillet 1806, l'érection d'un monument en l'honneur de l'empereur Napoléon. Ce prince lui confia, lors de la campagne de Prusse, l'organisation des régimens provisoires à Mayence, et, en 1809, le commandement du corps d'observation de l'Elbe. En 1811, il le chargea de présider le collége électoral du département du Haut-Rhin.

Kellermann, à la suite de la bataille de Hanau, 30 et 31 octobre 1813, prit le commandement de toutes les réserves à Metz. Les évènemens politiques de 1814 le trouvèrent, ainsi que les dignitaires et les fonctionnaires de l'empire, prêt à se rattacher au gouvernement royal, et, le 1er avril 1814, il vota la déchéance de l'empereur et la création d'un gouvernement provisoire. Louis XVIII, après la première restauration, le nomma commissaire extraordinaire dans la troisième division militaire, grand'croix de l'ordre de Saint-Louis ; et, le 4 juin, membre de la Chambre des pairs.

N'ayant exercé aucune fonction pendant l'époque dite des *Cent-Jours*, Kellermann reprit, de droit, sa place parmi les pairs, après la seconde restauration, en juillet 1815. Cet ancien et illustre guerrier mourut le 13 septembre 1820, à l'âge de quatre-vingt-cinq ans ; son cœur a été transporté, conformément à sa dernière volonté, à Valmy, premier théâtre de sa gloire, « afin qu'il reposât parmi » les restes de ses braves compagnons d'armes. »

Le maréchal Kellermann a laissé un fils digne de lui et fait pour perpétuer la gloire de son nom. Constamment fidèle à l'honneur, on l'a vu se distinguer sur différens champs de bataille, et notamment, à Marengo, au passage du Mincio, à Austerlitz ; en Portugal, en Espagne, à Cintra, à la Pola de Sena, ou combat d'Alba de Termes, à Lutzen, à Bautzen, et surtout dans la campagne de France, en 1814, et à Nangis, et à Provins, d'où il chassa l'ennemi, et lui fit éprouver des pertes considérables.

MOLIÈRE.

Jean-Baptiste Pocquelin, né à Paris en 1620, était fils d'un valet de chambre tapissier chez le roi, qui fit tout ce qu'il put pour déterminer le jeune Pocquelin à embrasser la même profession ; mais le génie de celui-ci l'appelait ailleurs, et voici l'origine que l'on donne à sa vocation. Son grand-père, qui l'aimait éperdument, avait de la passion pour la comédie, et l'y menait chaque fois avec lui. Le tapissier, qui craignait que ce plaisir ne dissipât son fils et ne lui ôtât l'attention qu'il devait à son métier, demanda un jour au bon

homme pourquoi il menait si souvent son enfant au théâtre.

« Avez-vous envie, » lui dit-il avec colère,
» d'en faire un comédien?

— » Plût à Dieu, » lui répondit le grand-
père, « qu'il fût aussi bon comédien que Belle-
Rose! »

Cette réponse frappa l'enfant, le dégoûta
de la profession de tapissier, et détermina son
goût pour la comédie.

Perrault dit, dans ses *Hommes Illustres*,
que le père de Molière, fâché du parti que
son fils avait pris d'aller dans les provinces
jouer la comédie, le fit solliciter inutilement,
par tout ce qu'il avait d'amis, de quitter cet
état. Enfin, il lui envoya le maître chez qui
il l'avait mis en pension pendant les premières
années de ses études, espérant que, par l'autorité que ce maître avait eue sur lui pendant
ce temps-là, il pourrait le ramener à ce qu'il
désirait; mais, bien loin que cet homme lui
persuadât de quitter sa profession, le jeune

Molière lui conseilla de se faire comédien lui-même, et d'être le docteur de la troupe, lui représentant que le peu de latin qu'il savait le rendrait capable d'en faire le personnage, et que la vie qu'il menerait serait bien plus agréable que celle d'un homme qui tient des pensionnaires.

Molière avait commencé à traduire Lucrèce dans sa jeunesse, et il aurait achevé cet ouvrage si quelqu'un de sa maison n'avait, par mégarde, pris un cahier de cette traduction pour faire des papillotes. Molière fut si fâché de ce contre-temps, que, dans un accès de dépit, il jeta le reste au feu.

Molière fut à la fois auteur et comédien, et ne se crut point déshonoré pour jouer lui-même dans des pièces qui faisaient sa gloire et contribuaient à celle de la France. Il était incommodé lorsqu'on représenta le *Malade imaginaire*. On le pressait de prendre du repos et de ne point jouer. Il s'efforça, et les efforts qu'il fit pour achever son rôle lui causèrent une convulsion, suivie d'un vomissement de sang qui le suffoqua quelques heures après, le 17 février 1673, à l'âge de cinquante-trois ans.

CHAMPIONNET.

Jean-Étienne Championnet, né à Valence, en 1762, était fils naturel d'un avocat distingué et d'une paysanne. Ce fut, par allusion à sa naissance, qu'on le nomma Championnet, mot qui, dans le patois du pays, signifie petit champignon.

Quelques fautes de sa jeunesse, que des passions ardentes rendirent orageuse, lui firent abandonner le lieu de sa naissance. Il s'engagea dans les gardes wallonnes, et servit au siége de Gibraltar. Passionné, dès lors, pour la profession des armes, les ouvrages de tactique et les vies des grands capitaines devinrent ses lectures favorites. Au commencement de la Révolution, il fut nommé commandant d'un bataillon de volontaires nationaux, qu'il conduisit d'abord dans le Jura, dont il apaisa les troubles, sans effusion de sang. Sa troupe fut ensuite réunie à l'armée du Rhin, puis à celle de la Moselle, que commandait Hoche. Il se distingua surtout à la reprise des lignes de Weissembourg, et pendant l'invasion du Palatinat, vers la fin de 1793. Ce fut aussi, dans cette campagne, qu'il obtint le commandement d'une division, qui fit ensuite partie de l'armée de Sambre-et-Meuse, et se fit remarquer à la bataille de Fleurus.

Championnet conserva le commandement de sa division pendant les années 1794, 1795 et 1797, et il eut une part glorieuse à toutes les opérations de cette armée sur le Bas-Rhin. Il n'avait point encore commandé en chef, lorsqu'en 1798 le Directoire le tira de l'armée de Hollande, pour le mettre à la tête de celle qui devait marcher à la défense de la nouvelle république romaine, contre les entreprises de la cour de Naples. Il partit dans les premiers jours d'octobre, n'ayant pour toutes ressources que son activité et sa valeur, et en trois semaines il créa une armée peu nombreuse, il est vrai, mais bien disciplinée et remplie de courage.

Lorsque, trois mois après, elle fut attaquée inopinément par cinquante mille Napolitains, et obligée de leur abandonner Rome, Championnet parvint à la rallier, non loin de cette ville, après une victoire décisive sur le général Mack, qui devint son prisonnier. Il entra ensuite en triomphe dans Naples, où il établit un gouvernement républicain.

Peu de temps après, ayant eu quelques différends avec les agens du Directoire exécutif, il fut destitué et mis en jugement, sous prétexte de quelques abus d'autorité. Traîné de prison en prison jusqu'à Grenoble, il devait y être jugé par un conseil de guerre. Ce fut alors qu'il rédigea ses mémoires, pour répondre à ses ennemis. Ces mémoires n'ont point été imprimés. Le style, assurent ceux qui les ont lus, en est incorrect, mais plein de chaleur, et l'ame du génie s'y peint tout entière.

Le Directoire ayant été renouvelé avant la fin du procès, les nouveaux directeurs donnèrent au général Championnet une preuve de leur confiance, en le mettant à la tête de l'armée des Alpes. Il obtint d'abord quelques succès; mais il fut ensuite battu à Genela, par les Austro-Russes, supérieurs en force. Son armée, d'ailleurs, était dans le dénuement le plus absolu, et, de plus, elle était attaquée d'une épidémie, dont il mourut lui-même à Antibes, en décembre 1799.

Championnet n'obtint pas seulement la palme militaire comme guerrier du premier ordre; son plus beau titre de gloire est, sans contredit, d'avoir, au milieu des embarras d'une situation aussi dangereuse que pénible, trouvé le temps de faire ériger un monument en l'honneur de Virgile.

La mémoire de Championnet durera éternellement, et sera à jamais un objet de vénération pour la postérité. Toujours franche et loyale, sa conduite, dans les divers commandemens dont il a été chargé, peut servir de modèle à tous ceux que le devoir appelle à parcourir la noble carrière des armes.

SAINTE-MARIE ÉGYPTIENNE.

Il y avait en Palestine un solitaire nommé Zosime, qui vint par ordre de ses supérieurs dans un monastère situé auprès du Jourdain, pour y reconnaître la vie exemplaire des religieux. Pendant le carême, ils sortaient tous du monastère, passaient le Jourdain, et se dispersaient dans le désert. Quelques uns portaient quelques provisions pour leur nourriture; d'autres vivaient simplement des herbes que la terre leur offrait. Zosime fit comme eux, et s'enfonça dans le désert jusqu'en un lieu où coulait un torrent rapide. Il avait marché depuis vingt jours. S'étant arrêté dans cet endroit pour s'y reposer, il se mit d'abord à genoux, et fit sa prière. Un léger bruit qu'il entendit lui fit tourner ses regards de côté; il vit comme la figure d'un corps humain. D'abord il eut peur et fit le signe de la croix; puis, regardant plus attentivement, il reconnut que c'était effectivement une personne qui paraissait nue, brûlée du soleil, et dont la longue chevelure blanche flottait au gré du vent. Il courut vers ce personnage qu'il vit fuir aussitôt; cependant l'ayant suivi, il lui cria de s'arrêter, ne fût-ce qu'un instant, pour lui donner sa bénédiction. A ces mots, la personne qui fuyait s'arrêta et répondit : « Abbé Zosime, je suis une femme, jetez-moi votre manteau pour me couvrir, afin que je puisse vous approcher. » Zosime, étonné de ce qu'elle l'avait nommé par son nom, vit bien que c'était une sainte; et, après qu'elle eut reçu son manteau, et qu'ils eurent commencé à s'entretenir, il la pria de lui raconter qui elle était, et pourquoi elle vivait de la sorte ; à quoi elle satisfit ainsi :

« Je suis d'Égypte. A l'âge de douze ans, je quittai mes parens, et vins à Alexandrie, où je me plongeai dans la débauche, et menai une vie si infâme, que j'ai honte même d'y penser. Je passai dix-sept ans dans cette abomination. Un jour d'été, je vis plusieurs personnes qui couraient vers la mer. Je demandai où elles allaient ; on me dit qu'elles allaient à Jérusalem, pour la fête de l'exaltation de la sainte croix. Je m'embarquai avec elles, ne cherchant qu'une nouvelle occasion de continuer mes débauches. Étant arrivée à Jérusalem, quand le jour de la fête fut venu, je me mêlai dans la foule pour entrer dans l'église où l'on montrait la sainte croix ; mais je fus toujours repoussée. Épouvantée, je me retirai à l'écart, et je commençai à penser que mes péchés me rendaient indigne d'entrer en ce saint lieu. Je me mis à pleurer et à faire un acte de contrition ; puis voyant au dessus de la place où j'étais, une image de la sainte Vierge, je la priai de m'obtenir l'entrée de l'église, promettant de renoncer au monde, et d'aller où elle m'ordonnerait.

» Alors j'entrai sans peine ; et, après avoir adoré la sainte croix, je revins rendre grâces à la sainte Vierge, et la prier de me conduire. J'entendis une voix qui criait de loin : « Si tu passes le Jourdain, tu trouveras un parfait soulagement. » Une personne charitable me mit quelques pièces de monnaie dans la main ; j'achetai trois pains, et, ayant demandé le chemin du fleuve, je marchai tout le reste du jour ; le soir, j'arrivai à une église de Saint-Jean-Baptiste, qui n'en est pas éloignée ; j'y reçus les saints mystères, et je vins dans ce désert. —Et combien y a-t-il que vous y demeurez ? dit Zosime. —Il y a, dit-elle, autant que je puis juger, quarante-sept ans. —Et quelle nourriture y avez-vous trouvée? reprit-il. —Le pain que j'avais apporté, répondit-elle, me dura quelque temps ; ensuite j'ai vécu des herbes que j'ai trouvées dans le désert. » Zosime, touché d'un si vif repentir, d'une si grande et si pieuse persévérance, pressa la solitaire de lui apprendre comment elle avait passé ce long espace d'années, et elle reprit ainsi :

« J'ai passé dix-sept ans à combattre mes passions comme des ennemis acharnés : lorsque j'avais à peine de l'eau pour me désaltérer, l'esprit tentateur cherchait à reporter mes idées sur le temps où je buvais du vin avec délices ; il rappelait à ma mémoire les chansons infames que j'avais tant de fois chantées ; enfin il tourmentait mon ame des désirs de l'affreux libertinage où je m'étais livrée. Alors je me prosternais à terre et je l'arrosais de mes larmes, en implorant le secours de la sainte Vierge, ma protectrice, qui m'a toujours soutenue. Mes habits s'étant usés, j'ai beaucoup souffert par le froid et par le chaud ; souvent je tombais par terre et demeurais hors d'haleine et sans mouvement.

J'ai soutenu, avec la grâce de Dieu, les plus grandes tentations de renoncer à faire pénitence : le Tout-Puissant m'a fait surmonter toutes les embûches du démon. »

Comme elle employait de temps en temps des passages de l'Écriture, Zosime lui demanda si elle avait étudié ; à quoi elle répondit en souriant : « Croyez-moi, depuis que j'ai passé le Jourdain, je n'ai vu ame vivante jusque aujourd'hui, pas même aucune bête, et je n'ai jamais rien appris. Mais c'est Dieu qui enseigne la science à ses créatures. Au reste, ne m'en demandez pas davantage ; et de tout ce que je vous ai dit, je vous conjure, par Notre-Seigneur Jésus-Christ, de n'en rien dire à personne, jusqu'à ce que Dieu me retire de ce monde. Faites seulement ce que je vais vous dire : Le carême prochain, ne passez pas le Jourdain, suivant le coutume de votre monastère. Demeurez dans la maison, et, le soir du jeudi saint, prenez le corqs et le sang de Jésus-Christ, et m'attendez sur le bord

du Jourdain, du côté de la terre habitée ; car
je n'ai point reçu les sacremens depuis que
j'ai eu ce bonheur dans l'église de Saint-Jean
Baptiste, et je les désire ardemment. »

Après avoir ainsi parlé, elle se recommanda
à ses prières, et courut vers le fond du désert.
Zosime se mit à genoux et baisa la terre où
elle avait arrêté ses pieds ; puis il s'en retourna,
louant Dieu, et, rempli de joie, il se rendit au
monastère comme les autres pour le dimanche
des Rameaux. Pendant toute cette année, il
n'osa parler de ce qu'il avait vu, attendu qu'il
était en usage, parmi les religieux, de ne
point se raconter les uns aux autres ce qui pouvait être arrivé à chacun d'eux.

Au carême suivant, les moines sortirent
comme à l'ordinaire. Quant à Zosime, la fièvre
le prit, et l'obligea à demeurer suivant la
prédiction de la sainte, qui lui avait dit qu'il
ne pourrait sortir quandmême il le voudrait.
Il guérit quelques jours après ; et, le jeudi-
saint, il prit, dans un petit calice, le corps et le

sang de Notre-Seigneur, et, dans un panier, des figues, des dattes, des lentilles, et alla sur la rive du Jourdain attendre la solitaire, qui ne tarda pas à paraître. Ce fut avec une vive satisfaction que le religieux vit arriver cette femme extraordinaire, qui lui inspirait une telle vénération qu'il s'inclina en l'abordant.

« Que faites-vous, mon père, lui dit-elle, vous qui êtes prêtre et qui portez les saints mystères ! » Ensuite elle se mit en prières, et reçut de ses mains la communion des fidèles. Ce fut vainement qu'il la pressa d'accepter les petites provisions qu'il lui avait apportées ; elle lui demanda une seule grâce, qui était de revenir encore l'année suivante jusqu'au torrent où il l'avait trouvée la première fois : il le lui promit, et elle s'en retourna après s'être recommandée à ses prières.

L'année suivante, Zosime passa dans le désert, selon la coutume ; et, étant arrivé au ravin, il y trouva la solitaire étendue morte. A cette vue, ses pleurs coulèrent en abon-

dance, et il lui rendit les derniers devoirs selon qu'elle l'avait désiré; car, avant de mourir,
elle avait tracé ces mots sur une pierre :
« Abbé Zosime, enterrez ici le corps de la
» pauvre Marie, et priez pour moi qui suis
» morte aussitôt mon retour, après avoir
» reçu les saints mystères. » Le bon père
éprouva de la satisfaction d'apprendre le nom
de cette digne femme, qu'il invoqua comme
une bienheureuse dans le ciel. Étant de retour
à son monastère, il raconta tout ce qu'il avait
vu et ouï de cette solitaire, et l'église a voulu
honorer un si beau repentir, une pénitence
aussi exemplaire, en plaçant Marie Égyp-
tienne au nombre des saints dont elle célèbre
la mémoire.

MOZART.

Mozart, né à Saltzbourg, le 27 janvier 1756, semblait avoir été créé pour la musique. Dès l'âge de quatre ans, il jouait, sur le violoncelle, des menuets et autres morceaux analogues. A cinq ans, il composait déjà des concertos pour le clavecin, dans lesquels on remarquait autant d'imagination que de goût, autant de verve que de facilité. Le prince, évêque de Saltzbourg, dont son père était l'organiste, ne pouvant croire que les compositions qu'on lui donnait pour être du petit

Mozart fussent réellement de lui, enferma l'enfant pendant huit jours, seul, avec du papier de musique et les paroles d'un oratorio. Au bout de ce temps, l'oratorio fut fait, et ravit l'admiration générale.

L'impératrice Marie-Thérèse entendit parler de ce prodige ; elle voulut voir le petit Mozart, et, à six ans, il fut présenté à la cour de Vienne. Le fameux Wagenseil s'y trouvait alors. Mozart, qui savait déjà préférer à tout l'approbation d'un grand maître, le demanda à l'empereur : « C'est lui qu'il faut faire venir, dit-il, il s'y connaît. » Le prince fit appeler Wagenseil, et lui céda sa place auprès du clavecin. « Monsieur, lui dit alors le petit virtuose, je joue un de vos concertos, ayez la bonté de tourner les feuilles. » L'artiste célèbre fut aussi surpris que charmé de la touche légère et gracieuse du petit Mozart. L'impératrice prit cet enfant en affection, et souvent le tint sur ses genoux pendant qu'elle touchait du clavecin. Cette distinction, jointe peut-être à un sentiment intérieur de son talent, avait donné au jeune musicien une confiance remarquable. L'année suivante, son père le mena à Dresde. L'électeur, devant lequel il se préparait à jouer, lui dit, pour l'encourager, qu'il ne devait pas avoir peur de lui. L'enfant se mit tranquillement à son clavecin, et répondit à Son Altesse Électorale : « Oh ! je n'ai point peur ; tel que vous me voyez, j'ai joué devant l'impératrice. »

Il conservait en même temps les goûts et la folie du jeune âge. Un jour qu'il faisait de la musique devant une société d'amateurs, il interrompit la sonate qu'il jouait, pour courir après un chat qui venait d'entrer dans le salon.

Fier du talent précoce de cet enfant, son père le mena dans toute l'Europe. Il vint à Paris l'âge de sept ans, et toucha l'orgue à Versailles, en présence de toute la cour, dans la chapelle du roi. Il publia, à cette époque, les deux premiers numéros de ses œuvres. Tous les musiciens de la capitale voulurent à l'envi le voir et le fêter. On grava son portrait ; il était représenté de profil, jouant du piano. On avait mis au bas : « Mozart, compositeur et maître de musique à l'âge de sept ans. » Il visita successivement l'Angleterre et l'Italie, et excita partout l'admiration la plus vive. Il enrichit la scène d'un grand nombre d'ouvrages qui ont porté sa réputation au plus haut degré de gloire ; et cependant il est mort avant d'avoir atteint sa trente-sixième année, le 5 décembre 1792.

ANICH.

Pierre Anich naquit le 22 février 1723, à Oberperfuff, petit village à trois lieues d'Inspruck. Il était fils d'un paysan, et, d'après sa position, semblait devoir passer sa vie à garder les troupeaux ; mais le seul désir de s'instruire lui en fit trouver les moyens. Dès sa plus tendre enfance, comme dans l'âge du plaisir et de la dissipation, on le vit continuellement absorbé dans des rêveries profondes ; les amusemens de la campagne n'ayaient aucun attrait pour lui ; des réflexions de la plus haute nature l'occupaient tout entier. Le spectacle des globes qui roulent sur nos têtes avait tellement enflammé son ame naïve et pure, qu'il allait souvent aux champs avant l'aurore, et se retirait long-temps après le coucher du soleil pour examiner les différentes positions des astres, leurs grandeurs respectives, leurs révolutions. Dès qu'il sut qu'il y avait dans Inspruck des savans instruits de ce qui faisait l'objet de ses contemplations, il y courut, et s'adressant au P. Hill, jésuite, professeur d'astronomie à l'Université de cette ville : « Mon père, est-ce que vous observez le ciel et les étoiles? » Le professeur, surpris de la question du jeune paysan, lui répondit : « Pourquoi me faites-vous cette demande, et qu'y a-t-il de commun entre vous et mes observations? » Anich lui dit qu'il avait aussi observé le cours des astres, et qu'il brûlait du désir de s'instruire des causes qui les faisaient mouvoir, et qui les dirigeaient avec cette extrême régularité. Le P. Hill, surpris de l'ardeur que témoignait ce jeune homme, l'examina de plus près ; il lui fit plusieurs questions et découvrit bientôt en lui une sagacité singulière, une justesse de raisonnement peu commune, et la plus heureuse mémoire. Prévoyant les secours que l'astronomie pourrait un jour tirer d'un tel élève, il se fit un plaisir de le former. Anich fit bientôt des progrès surprenans ; il devint un savant astronome, un habile géomètre ; il inventa nombre d'instrumens de mathématiques, et construisit des globes célestes et terrestres les plus admirables et de la plus grande perfection. Sa réputation parvint bientôt jusqu'à l'impératrice-reine, qui le chargea de plusieurs opérations pour le gouvernement. La modestie d'Anich égalait son talent ; il ne voulut jamais quitter ses vêtemens de paysan ni la chaumière où il était né.

Il y termina son existence en 1766 , à l'âge de quarante-trois ans.

JUNOT.

Junot naquit à Bussy-les-Forges, département de la Côte-d'Or, le 23 octobre 1771. Il était, à l'époque de la Révolution, étudiant en droit, et partagea, en 1792, cet enthousiasme guerrier qui appelait les Français à la défense de la patrie. Parti dans l'un des bataillons de la Côte-d'Or, comme simple grenadier, il se fit remarquer, dans toutes les circonstances, par un courage à qui souvent on aurait pu donner le nom de témérité.

Attaché, en 1796, au général Bonaparte, qui le nomma son aide de camp, il fit avec lui l'immortelle campagne d'Italie, où il déploya une intrépidité qu'on ne peut plus nommer rare, puisqu'elle est devenue l'apanage d'un si grand nombre de guerriers français. Il suivit en Égypte le vainqueur d'Italie, montra, dans toutes les occasions, le même courage, et se distingua particulièrement au combat de Nazareth, où il ne craignit pas d'attaquer, à la tête de trois cents cavaliers, un corps de dix mille musulmans qu'avec le secours de Kléber il mit en déroute.

De retour en France, Junot participa à la révolution du 18 brumaire, et continua de remplir les fonctions d'aide de camp du premier consul. Au commencement de 1809, il fut nommé successivement commandant, puis gouverneur de Paris. Il passa ensuite à l'armée d'Angleterre, en qualité de général de division, et reçut le titre de colonel-général des hussards. Le 1er février 1805, il obtint la décoration du grand aigle de la Légion-d'Honneur. Envoyé en ambassade à Lisbonne, la haute

réputation dont il jouissait engagea le prince
régent à le nommer chevalier de l'Ordre du
Christ. En 1805, il quitta momentanément
ses fonctions d'ambassadeur, pour se rendre à
l'armée d'Allemagne. A la bataille d'Austerlitz, il combattit sous les yeux de Napoléon, et
fit des prodiges de valeur. Il retourna, quelque
temps après, à Lisbonne; mais la bonne intelligence ayant cessé d'exister entre le Portugal
et la France, il quitta le rôle d'ambassadeur,
pour reparaître comme général. Chargé de
prendre possession du royaume de Portugal,
lorsque la maison régnante de ce pays l'eut
abandonné pour se rendre au Brésil, il le fit
sans éprouver une grande opposition. Il obtint,
par suite, le titre de duc d'Abrantès, appar-
tenant précédemment à l'une des plus illustres
familles des bords du Tage.

Junot n'avait, pour contenir ce pays, que
peu de troupes, et s'y maintenait depuis deux
ans, quand lord Wellington, à la tête d'une
armée nombreuse, vint l'attaquer dans Lis-

bonne. Les Français soutinrent l'attaque des Anglais avec leur courage ordinaire, et si, en raison de l'infériorité du nombre, ils ne parvinrent pas à faire lever le siége à ces derniers, qui protégeaient les habitans, ils en firent assez pour obtenir une capitulation des plus honorables. Par cette capitulation, en effet, qui eut lieu le 30 août 1808, l'armée française et son général quittérent Lisbonne, avec les honneurs de la guerre, et sortirent du Portugal sans aucune opposition. Cependant, cet évènement contrariait trop les projets de l'empereur Napoléon, pour qu'il n'en témoignât pas quelque ressentiment à Junot, qui fut disgracié, et resta sans emploi jusqu'en 1812.

Napoléon, à cette époque, voulant porter la guerre au sein de la Russie, eut besoin de s'entourer, de nouveau, de tous ses braves. Il confia au duc d'Abrantès le commandement du huitième corps de la grande armée; mais les diverses positions qu'occupa ce corps ne permirent pas toujours à son valeureux chef de signaler, comme il l'aurait voulu, son bouillant courage. Il se conduisit néanmoins avec beaucoup de distinction, le 19 août, au combat de Valentina.

A peine de retour en France, le duc d'Abrantès repartit pour aller prendre le commandement des provinces illyriennes, où il avait été précédemment nommé ; mais, bientôt, attaqué d'une maladie dangereuse, ses facultés intellectuelles parurent s'affaiblir. Ramené en France, chez son père, résidant à Montbard, le 22 juillet 1813, il y était seulement depuis deux heures, lorsque, dans l'un des plus violens accès de la fièvre qui le consumait, il sauta par une fenêtre, et se cassa la cuisse. Les transports qui l'agitaient dérangèrent tous l s appareils, l'amputation fut jugée nécessaire et ordonnée. Ce fut par suite de cette amputation, que Junot mourut, le 28 du même mois, laissant dans la désolation sa famille et tous les habitans de Montbard, dont, à une autre époque, il avait été le bienfaiteur. Sa tombe s'élève, sans ornement, au milieu de celles de ses compatriotes, avec lesquels il se confondit toujours, et son cœur repose au Panthéon.

On ne lira pas sans intérêt l'anecdote suivante : Junot, à son retour d'Égypte, alla en Bourgogne voir sa famille, et s'arrêta à Montbard, lieu de ses études et de ses premiers plaisirs, où rien ne laissait présager alors qu'il devait bientôt terminer ses jours. Son plus grand empressement, en arrivant, fut de courir chez ses anciens camarades, et de leur témoigner que la fortune n'avait poin altéré les sentimens de son cœur. Dans le cours de ses visites, ayant reconnu son maître, que, depuis long-temps, il croyait mort, il se jeta à son cou, et le serra dans ses bras avec la plus vive émotion. Le vieillard, surpris de recevoir ces témoignages d'affection de la part d'un homme dont l'extérieur annonçait l'élévation et la richesse, reste confus et in-

certain. « Comment, dit Junot, ne me recon-
» naissez-vous pas ? — Non, Monsieur, je n'ai
» pas cet honneur. — Quoi ! vous ne recon-
» naissez pas le plus paresseux, le plus libertin,
» le plus mauvais sujet de vos écoliers ? — Se-
» rait-ce monsieur Junot, à qui j'aurais l'hon·
» neur de parler ? » répondit enfin le maître. A
ces mots, le général, qui ne put s'empêcher de
rire de la naïveté du vieillard, l'embrassa de
nouveau, et, quelque temps après, il lui fit
une pension.

BRUNE.

Guillaume-Marie-Anne Brune naquit à Brives, le 13 mars 1763. Son père était avocat. Une antique probité, une vieille réputation de savoir et de vertus étaient les seuls titres de noblesse de sa famille. Après avoir fait ses études sous les doctrinaires, il vint à Paris étudier le droit. Le fruit de quelques années passées dans l'étude de la procédure fut un voyage pittoresque et sentimental dans quelques provinces de France, ouvrage que Brune publia sous le voile de l'anonyme, en 1788, et qui ne manque ni d'élévation, ni de grace.

Ce fut par un petit livre frivole que débuta
un homme que ses aptitudes et sa destinée
appelaient au grade de maréchal de France.
La Révolution vint arracher Brune à son goût
pour la littérature. Animé d'un zèle ardent
pour la liberté, qui s'alliait en lui avec l'amour
de l'ordre, il se fit inscrire des premiers sur
les registres de la garde nationale. Doué d'une
figure martiale, d'une haute taille et d'une
force remarquable, sa place était dans les
grenadiers. Une petite imprimerie, qu'il essaya
de monter, n'eut aucun succès. Il embrassa
l'état militaire, s'enrôla dans le 2e bataillon de Seine-et-Oise, et fut fait, le
18 octobre 1791, adjudant-major du même
bataillon.

Nommé, l'année suivante, adjoint aux ad-
judans généraux, il reçut, quelque temps
après, avec le titre de commissaire général,
une mission qui eût offert à l'intrigue et à
l'ambition des moyens faciles d'élévation ou
de fortune. Brune, à peine chargé de cette

mission, redemanda son premier grade, et fut envoyé au camp de Meaux. A Valmy et dans l'Argone, il avait pris part aux importantes opérations de Dumouriez et de Kellermann. Promu au grade d'adjudant général surnuméraire, avec le titre de colonel, et, quelque temps après, a djudant général et colonel en pied, il fut employé à l'armée de Belgique, lors de ces triomphes inaccoutumés, qui jetèrent l'Europe dans son premier étonnement, et de ces revers inattendus qui suivirent la bataille de Nerwinde.

Les mêmes soldats, qui venaient de remporter de si grands avantages, étaient alors dispersés en Flandre, et trois armées entières se trouvaient rompues. Brune fut chargé de rallier celle du Nord; et cette mission non moins importantefut couronnée du même succès. Un corps d'insurgés du Calvados, aux ordres du général Wimpfen, s'était avancé jusqu'à Vernon. Brune, à la fois chef d'état-major et commandant d'avant-garde, repoussa, en peu de jours, cette petite armée. Cette action l'eût porté au ministère, s'il se fût prêté aux avances qui lui furent faites ; mais c'était de gloire, de périls, et non de pouvoir, qu'il était avide. Nommé général de brigade, il se trouva à la bataille de Hondscoote, et, d'après les ordres du comité de salut public, alla rétablir la tranquillité dans Bordeaux, où il laissa un souvenir d'autant plus honorable, qu'il eut à y combattre beaucoup d'abus, et à y étouffer bien des haines.

Après avoir rempli plusieurs missions et postes militaires, il fut nommé commandant de l'une des divisions du corps stationné à Paris sous les ordres du général Bonaparte ; chargé ensuite de seconder le représentant Fréron, envoyé dans les départemens du Midi pour arrêter la réaction aristocratique, il réprima les crimes dont ces contrées étaient le théâtre, et prévint l'effusion du sang à Nice, à Marseille, et dans cette même ville d'Avignon, où, vingt ans après, le sien devait être si lâchement répandu.

Brune, rentré ensuite à l'armée de l'intérieur, et de service au camp de Grenelle, se distingue par sa fermeté, dans l'affaire du 10 septembre 1796. Dans cette même année, une brigade, qu'il obtint dans la division Masséna, au moment où le général Bonaparte venait de s'ouvrir la Lombardie, lui offrit le moyen de se faire connaître comme officier-général. Il se distingue à Rivoli par le fait d'armes le plus brillant, et on le voit, à la tête des grenadiers du 75ᵉ régiment, repousser, tourner et écraser les Autrichiens, au village Saint-Michel, en avant de Vérone. Sept balles percent ses habits, aucune ne le blesse; il se montre partout; il contribue, par des manœuvres savantes, au succès de la journée; et le général en chef, malgré les réclamations de Masséna, le retient plusieurs jours au quartier général, pour conférer avec lui sur les prochaines opérations.

A Flêtres, à Bellune, dans les gorges de la Carinthie, sur les sommités des Alpes noriques, la division Masséna soutint et livra plusieurs glorieux combats, auxquels Brune eut la plus grande part. Tous les prodiges de la dernière campagne appartiennent à cette division.

Masséna, après les ratifications du traité de Léoben, fut envoyé à Paris, et laissa Brune commander la division à sa place. Nommé général de division sur le champ de bataille, il reçut, le 17 août, les lettres qui annonçaient ce grade, et remplaça, dans le commandement de la deuxième division active, Augereau, qui était rentré en France. Il rétablit son quartier à Brescia et à Vérone, où il sut tempérer la rigueur nécessaire de ses devoirs, calmer les passions, et vaincre, à force de justice et d'humanité, la résistance morale de ceux que la force avait soumis.

Brune, à son retour en France, après la

paix de Campo-Formio, fut nommé par le Directoire ambassadeur près la cour de Naples, mais il aima mieux suivre la carrière militaire, que de s'engager dans les routes tortueuses de la diplomatie. Il fut nommé commandant en chef des troupes dirigées contre la Suisse. Ce te expédition courte et brillante attacha, de l'aveu du Directoire lui-même, de nouveaux rayons de gloire au nom français, et valut à celui qui la dirigeait cet éloge flatteur de la part de Talleyrand : « Tout ce qui » sait apprécier ici les hommes, écrivait-il à » Brune, après le succès, trouve que vous » avez atteint la perfection de conduite en » Suisse, et pense que les plus belles desti- » nées vous sont réservées. » La prise de Fribourg, celle de Soleure et le combat de Neuenheck, eurent bientôt décidé du sort de la campagne.

Brune, en apportant de la rapidité et de la vigueur dans ses diverses opérations militaires, sut montrer un grand respect pour les

propriétés, et toute l'adresse que devait pos-
séder celui que les lettres du Directoire accu-
saient de simplicité et d'inertie, parce qu'il
était à la fois prudent et ami d'une politique
généreuse ; le nombre des cantons augmenté,
la suprématie de certains cantons abolie, telles
furent les suites de cette expédition singulière
où un peuple, qui se croyait libre, prétendait
imposer sa liberté à une nation qui, dès
long-temps, avait conquis la sienne.

Nommé, après cette expédition, commandant de l'armée d'Italie, en remplacement de
Berthier, Brune joignit à ce commandement
celui de l'armée de Masséna, et ceux des différentes îles de la mer Ionienne. C'était une
tâche difficile : les troupes de Rome en insurrection, les Français insultés à Vienne, la
Ligurie et le Piémont en proie à des troubles,
à des supplices, et prêts à se livrer la guerre ;
les Grisons, qui penchaient vers l'empereur
d'Autriche ; une armée française bien infé-
rieure aux besoins de la guerre ; des milices

nationales qui se rassemblaient en Toscane, et des troupes réglées, que le roi de Naples ne cessait de lever, tels étaient les obstacles du présent et les menaces de l'avenir. Brune battit les insurgés à Perugia, à Citta-di-Castello et à Ferentino, sauva Parme d'une insurrection, fit respecter la France sur tous les points, défendit les frontières avec fermeté, agit dans l'intérieur avec une vivacité qui déconcerta les ennemis, étouffa les révoltes, exécuta rapidement les embarquemens pour l'Égypte, plaça sous le séquestre les différentes places prises par les partis piémontais, et fit remettre à la France, comme dépôt de garantie, la citadelle de Turin.

C'est sans doute le chef-d'œuvre de l'habileté, que de se faire livrer, par l'ennemi même, la clef du pays pour la soumission duquel on combat. Malheureusement, quelques chances nouvelles arrachèrent à la France les fruits de ce triomphe. L'Europe prenait une attitude menaçante; Aboukir venait de voir la perte de notre flotte, et l'alliance de l'Autriche et de la Russie se consommait. L'Italie, enhardie, se révolta sur plusieurs points. A Milan, l'insurrection fut violente, et Brune, obligé de quitter cette ville, passa en Hollande, où le gouvernement batave lui déféra le commandement en chef de l'armée. De trop longs détails militaires sortiraient des bornes d'une notice ordinaire, bien qu'ils soient presque indispensables ici, pour rendre sensible tout le mérite de ce général, victime d'un double assassinat dans sa personne et dans sa gloire.

Cette bataille de Bergen, la première où les Français aient battu les Russes; cette retraite de Beverwyck, où Brune sauva l'armée par une retraite prompte, exécutée dans un ordre parfait; cette flottille improvisée de bâtimens armés, qui balaya, en quelques jours, le Zuyderzée, la reprise de Hoorn, Enckhuysen, Medemblick; enfin l'évacuation de la Hollande, la défaite des alliés, la capitulation imposée au duc d'Yorck, l'occupation du

Helder, tels sont les principaux résultats de cette campagne conduite avec autant d'héroïsme que desagesse, et où il fallut défendre, sur une vaste étendue de pays, mille points accessibles, avec un corps de troupes infiniment trop faible pour les besoins du moment.

Le nom de Helder fut donné à une rue de Paris, et Brune reçut de Bonaparte une armure complète, avec l'épée du commandement et du gouvernement de Hollande. Après ces mémorables exploits militaires, Brune passa dans la Vendée, pacifia les départemens de l'Ouest, et laissa, partout où il était appelé à séjourner, le souvenir d'un homme juste et humain. Remplacé, à l'armée de l'Ouest, par son ami Bernadotte, aujourd'hui roi de Suède, il commanda, pendant trois mois, l'armée de réserve, dite des Grisons, et passa ensuite à l'armée d'Italie. Cette armée, après une longue oscillation, après une suite d'armistices, de légères hostilités et de débats interminables entre les généraux en chef, enleva tout à coup les trois camps retranchés de l'ennemi à la Volta, et toutes les positions sur le Mincio, passa ce fleuve et s'empara de ses deux rives, traversa l'Adige, et, de concert avec l'armée de Macdonald, qui venait de rejoindre la sienne, après avoir gravi le Splugen, descendu le Cardinal et traversé d'horribles précipices, prit Vicence, Montebello, passa la Brenta, et se fit céder toutes les places qui se trouvaient sur sa route. Brune divisa ensuite son armée, pour soumettre, en même temps, la Haute et la Basse-Italie, et prépara la paix de Lunéville. Il stipula la mise en liberté des Cisalpins détenus en Autriche, pour opinions politiques ; action généreuse, preuve d'un sage amour de la liberté, et nouveau gage de la plus louable tolérance !

L'armée de Brune fut confiée aux généraux Murat et Moncey. Il vint à Paris, rentra au conseil d'État, dont il était membre depuis sa création, et fut nommé président de la section de la guerre. Pendant qu'il s'occupait de tra-

7.

vaux d'organisation et de législation, sa ville natale donnait son nom à un quai orné d'arbres sur la Corrèze ; le jury d'instruction de Turin lui décernait un buste en marbre, exécuté avec un rare talent par le sculpteur Comolli ; la ville de Vérone faisait frapper une médaille en son honneur, et celle de Brescia lui envoyait un sabre d'or. Nommé ensuite ambassadeur près la cour ottomane, il trouva dans cette mission de grandes difficultés ; des intrigues de cours rivales ; des souvenirs trop récens, et des préventions funestes, dont il ne triompha pas entièrement. En vain demanda-t-il, pour l'empereur des Français, ce titre qui, dans le protocole de la Sublime-Porte, était spécial à l'empire de Russie, et qui depuis fut accordé sans peine. Cependant la noblesse de son caractère, la dignité de sa représentation, ses qualités brillantes lui obtinrent une sorte de crédit politique dont les circonstances le privaient. Il fonda les premières relations de la France avec la Perse, favorisa le commerce et l'industrie de son pays, fit connaître, à Constantinople, les beaux produits des fabriques françaises, recueillit et communiqua des notions géographiques et politiques fort intéressantes, et revint en France, en 1805.

Brune avait été nommé maréchal de l'empire et grand'croix de la Légion-d'Honneur. Envoyé à Boulogne pour commander l'armée des côtes de l'Océan, ainsi que la flottille, il présida à la construction de quelques forts, fut témoin de l'essai de ces fusées dites *à la Congrève* qui détruisirent plusieurs maisons ; de trois bombardemens, de plusieurs opérations secondaires. La tranquillité des côtes ne fut d'ailleurs troublée que par quelques tempêtes qui permirent aux soldats français de sauver des naufragés anglais. Entre les deux derniers bombardemens, le diplomate anglais, lord Lauderdale, qui venait de rompre les conférences, passa, comme pour prouver au monde le respect des Français pour le droit des gens. Toute sûreté lui fut accordée ; tous les égards lui furent prodigués, et la bonne foi nationale donna aux peuples un exemple dont ils n'ont pas toujours profité.

Nous touchons à la campagne de Poméranie et à la disgrace de Brune, éclatante injustice, qui fut d'autant plus opiniâtre et implacable, qu'elle était plus impossible à justifier ! Remplacé à l'armée de Boulogne par le général Gouvion-Saint-Cyr, il arriva à Hambourg, en 1807, comme gouverneur des villes anséatiques, reçut ensuite le commandement du corps de réserve de la grande armée, et eut, avec le roi de Suède, cette conférence singulière, tenue à Schlatkow, près d'Anklam, et dont la calomnie tira un parti si perfide. Là, le roi de Suède, entreprenant de convertir le maréchal, et se livrant à ses discussions de ja plus haute philosophie, à des abstractions que l'on ne s'attendait guère à trouver dans cette circonstance, provoque, de la part de

Brune, des réponses de la même espèce, des applications et des exemples. L'histoire n'en laisse pas manquer, et l'argumentation est une arme à toutes mains. Brune se tira en homme d'esprit de ce mauvais pas; mais il ne put empêcher Napoléon de ressentir un vif chagrin, au récit de cette conversation.

Après avoir forcé l'ennemi à Martenshagen, Brune voit sa disgrace commencer; le gouvernement des villes anséatiques est distrait de son gouvernement. Cependant Stralsund, l'une des places les plus importantes de l'Europe, est laissé à la discrétion des Français. Aucun excès n'y est commis. Une flottille, créée avec des barques amenées sur des chariots, enlève de vive force l'île de d'OEneholm. Elle allait attaquer l'île de Rugen, quand une convention, signée par Brune et de Toll, général en chef de l'armée suédoise, livre aux Français cette position et toutes les îles adjacentes.

Les Anglais venaient de prendre Copenhague., et ce revers, senti profondément par l'empereur, lui fit mettre en oubli la belle conduite de Brune en Poméranie. Dans son armée, composée de corps italiens, espagnols, hollandais, belges, badois, bavarois, de Wurtz-bourg et de Nassau, il sut maintenir la plus sévère discipline. A Stettin, la princesse Élisabeth de Prusse fut traitée par lui avec les plus grands égards. A Pazewalk, la maison du vieux général prussien Kalkreuth fut préservée comme un temple. Cependant, par un oubli de toute dignité militaire, qui fait aussi peu d'honneur aux puissances ennemies de la France qu'au caractère personnel de Blucher, en 1814, ce fougueux et rustre Prussien mit dans l'état de dévastation le plus complet la maison du maréchal Brune, à Saint-Just, entre Saron et Méry sur-Seine, en Champagne.

La mauvaise fortune avait à exercer sur Brune de cruelles compensations. Dans les termes même de l'honorable convention qu'il avait signée, on chercha et l'on ne manqua

pas de trouver matière à accusation. L'oubli
des titres de l'empereur, mentionnés dans la
signature seulement, et non dans le texte, et
les mots d'armée française et d'armée suédoise,
fréquemment employés dans le traité, suffi-
rent pour échafauder une accusation frivole.
Berthier, par ordre de l'empereur, écrivit à
Brune un ordre de rappel, où il lui disait « que,
» depuis Pharamond, pareil scandale ne s'était
» vu. » On prétendit que Brune avait eu l'intention de flatter les idées du roi de Suède, et
le soupçon, grossi par sa propre injustice, s'é-
tendit au loin. Rentré dans ses foyers, Brune
présida, en 1807, le collége électoral de l'Es-
caut, et, persécuté, en 1811, par la haine
invétérée d'un ministre, il fut sur le point de
perdre la plus grande partie de sa fortune. En
vain Berthier le flattait du retour de l'amitié
de l'empereur, ce dernier ne pouvait pardonner à Brune un tort qui était peut-être le sien
propre ; un courageux ministre défendit cependant le maréchal disgracié.

Inactif, et malheureux témoin des dernières manœuvres de l'armée, en 1814, Brune s'était réfugié à Paris, lors de la première invasion, et il fit bientôt son hommage au roi, qui l'accueillit avec bonté, et lui donna même la croix de Saint-Louis. En 1815, il ne fut pas, comme on l'a dit, un des premiers à saluer Napoléon, qui se contenta de le placer au corps d'observation, sur le Var. Il ne fut pas des derniers à faire reconnaître le roi par les troupes qui se trouvaient sous ses ordres. Telle est la vie d'un guerrier qui ne hasarda rien, et obtint beaucoup ; qui dut tout à ses talens, et peu à la fortune ; brave soldat, grand négociateur et habile capitaine. Il nous reste à faire un bien pénible récit, celui de son assassinat. Ce guerrier, fameux par tant de succès, ce maréchal que la victoire n'abandonna pas une seule fois sur le champ de bataille, poursuivi, au nom de Louis XVIII, qui serait un monstre s'il en avait eu connaissance, comme une bête féroce, sur la route de Toulon à Avignon, fut préservé deux fois de la mort par des hussards hongrois qu'avait envoyés le général Nugent; mais, à Avignon, il succomba.

La maison où s'était réfugié Brune, sous la sauvegarde publique, fut tout à coup cernée par une multitude en fureur; et des misérables, pénétrant par le toit, par toutes les issues, dans la chambre où était le maréchal, frappèrent un cœur que le canon et le fer des ennemis avaient épargné. Le corps de Brune, après avoir été traîné dans les rues, et outragé par la populace en délire, fut jeté dans le Rhône, puis laissé exposé pour servir de pâture aux plus vils animaux !.... Cet odieux procès-verbal, qui s'associait au crime, en le dissimulant, cette procédure non moins odieuse, où, par un bouleversement de toutes les idées de justice et d'humanité, par l'oubli de toute pudeur, le crime sembla trouver et trouva en effet des encouragemens, et où la plainte qui s'élevait du tombeau de Brune

parut gêner l'autorité locale ; tels sont les matériaux devenus le domaine de l'histoire. Elle sera forcée de dire : « L'un des généraux qui
» aient fait le plus d'honneur à la France
» fut assassiné par des Français d'Avignon ;
» et sa cendre, vengée tardivement, mais enfin
» vengée par une voix éloquente et par un
» jugement solennel, fut encore troublée par
» la calomnie, autre crime plus odieux, as-
» sassinat moral, pour lequel les hommes
» n'ont pas de nom, et les lois n'ont pas de
» glaive. »

GOFFIN.

MATHIEU GOFFIN, fils d'un maître mineur de
Liége, s'est distingué de la manière la plus honorable lors de l'évènement suivant : il travaillait avec son père à l'exploitation d'une
mine de houille appelée la mine Beaujonc, située commune d'Ans, près de la route de
Bruxelles, à deux kilomètres de Liége, lorsque, le 28 février 1812, elle fut inondée par
un torrent qui se fit jour à travers les terres.
Cent vingt-sept ouvriers se trouvaient en ce
moment dans cette mine. Aussitôt qu'ils con-
nurent le danger qu'ils couraient, ils cher-

chèrent à échapper à la mort en se faisant re-
monter dans le panier destiné à les sortir de
cet antre profond. Hubert Goffin, le maître
mineur, avait dit : « Si je monte, mes ouvriers
» périront; je veux sortir d'ici le dernier, les
» sauver tous, ou périr avec eux. » Son fils, âgé
de douze ans, ne voulut point non plus le quitter, et l'encouragea dans sa noble résolution.
Bientôt l'eau submergeant cette issue, il fallut
abandonner tout espoir de salut de ce côté, et
chercher un refuge ailleurs, contre l'inon-
dation. Trente-cinq individus seulement
étaient parvenus à sortir du gouffre. Que l'on
se figure l'état des malheureux restés enfouis
dans les entrailles de la terre, à 170 mètres de
profondeur! Ils se livraient au plus profond
désespoir; les enfans répandaient des ruisseaux
de larmes : « Cher maître, disaient-ils à Goffin, par où sortirons-nous? Mon Dieu! se peut-
il que nous devions mourir si jeunes! » En
vain le maître mineur cherche à ranimer leur
courage, en leur faisant entrevoir la possi-

bilité de sortir en perçant une trouée dans une autre mine, et surtout en les pénétrant de l'idée que l'on travaillera à leur délivrance ; en vain il les excite à venir entreprendre des travaux qui puissent se lier à ceux qu'il suppose qu'on va entreprendre du dehors pour les sauver ; les ouvriers ne lui répondent que par des pleurs et des gémissemens. Le petit Mathieu Goffin les tire de leur stupeur : « Vous faites comme les enfans, leur dit-il ; suivez les ordres de mon père ; il faut travailler et prouver à ceux qui nous survivront que nous avons eu du courage jusqu'à la mort. » Il fait un pas en avant, et tous, comme frappés d'une inspiration soudaine, renaissent à la confiance. Cinq jours et cinq nuits se sont écoulés pour ces malheureux dans les transes de la mort. Privés d'air et d'alimens, privés de toute clarté, exténués de fatigue et de douleur, ils se croient ensevelis pour jamais dans ce tombeau. Les enfans demandent la bénédiction à leurs pères ; ceux qui n'en ont point s'adressent à Hubert Goffin et le supplient, à genoux, de la leur donner. Les hommes expriment leurs regrets sur le sort de leur famille. Le jeune Mathieu n'est occupé que de sa mère, que de ses sœurs, de ses petits frères : « Il n'y a que vous et moi qui gagnions de l'argent, dit-il à Hubert ; comment vivront-ils ? ils demanderont donc l'aumône ? Cher père ! je sais que vous avez caché de l'argent dans notre étable à vaches, comment ma mère pourra-t-elle le trouver ? Et toi, mon fils, où as-tu caché le tien ? — Moi, je n'ai qu'un petit écu, c'est ma sœur qui l'a. »

Ainsi que Hubert Goffin l'avait prévu, on travaillait jour et nuit à leur délivrance, et l'on parvint enfin à les rendre à la société qu'ils désespéraient jamais de revoir. Mais sur quatre-vingt douze individus que l'on demande à la terre, soixante-dix seulement sont rendus à leur famille ; vingt-deux infortunés ont cessé de vivre dans ce déplorable évènement. Pour récompense de son noble et courageux dévouement, Hubert Goffin reçut la décoration des braves ; il fut nommé membre de la Légion-d'Honneur. Son jeune fils pût joindre à son petit écu d'épargnes une somme de trois cents francs en or, que le chef du gouvernement lui fit remettre à titre de récompense de sa belle conduite.

—

NEY.

Ney naquit à Sarre-Louis, le 10 janvier 1769. Celui que la fortune, ou plutôt ses propres talens, devaient élever si haut, eut pour père un simple tonnelier auquel une probité scrupuleuse et des mœurs irréprochables avaient acquis l'estime de ses concitoyens. Le jeune Ney fut élevé avec soin, et, seulement âgé de treize ans, il était déjà clerc de notaire. Il consacra quelques années de sa jeunesse au travail des bureaux ; mais la vie sédentaire convenait mal à cette activité du corps et de l'esprit, dont il était déjà tourmenté.

Le 13 février 1787, il s'engagea dans le régiment de Colonel-général-hussards, où il se distingua par tant d'application et d'aptitude au métier des armes, qu'en moins de trois ans il passa par tous les grades subalternes, et fut nommé officier.

Parvenu au grade d'adjudant général, en 1796, il déploya au passage de la Sieg, aux combats d'Altenkirchen, de Diersdof et de Mont-Thabor, cette rare intrépidité dont il devait donner tant et de si glorieux exemples. Il fit, le 26 juin de la même année, deux mille prisonniers, en avant de Wurtzbourg, dont il s'empara. Au mois d'août suivant, après avoir forcé le passage de la Reydnitz, et soutenu le combat le plus opiniâtre sous les murs de Forsheim, il prit la ville, et fut nommé général sur le champ de bataille qu'il venait d'illustrer.

En l'an v, le général Hoche lui confia un corps de hussards, à la tête duquel il combattit en héros, aux affaires de Newied et de

Giessen. Il fut fait prisonnier, à la suite de ce dernier combat, où, après avoir eu son cheval tué sous lui, il combattit long-temps à pied, et se défendit seul, avec le tronçon de son sabre, contre un gros de cavalerie qui l'entourait. L'armée et le Gouvernement appréciaient trop bien le général Ney, pour le laisser languir dans les prisons de l'ennemi ; il fut échangé, et vint reprendre son commandement, sous les ordres du général Hoche, jusqu'aux préliminaires de la paix dictés par Bonaparte à Léoben.

La guerre se ralluma, et Ney signala sa présence à l'armée de Bernadotte, en surprenant, et faisant capituler la place de Manheim, par un de ces miracles d'audace qui ont besoin d'être attestés à l'histoire par des contemporains. Ney, en effet, sous des habits de paysan, s'introduit à Manheim, s'assure de la force de la garnison, observe les fortifications, se ménage des intelligences dans la place, et, cinq jours après, suivi de cent cinquante hommes déterminés, se présente, à la faveur de la nuit, aux portes de la ville, et s'en rend maître, avant que l'ennemi pût savoir à quel petit nombre il avait affaire.

Nommé général de division en l'an vii, l'intrépide Ney passe à l'armée du Danube, et ne tarde pas à s'y faire reconnaître aux combats de Fraenfelde, d'Altikow et de Wintherthur, où il reçut deux blessures; et, à peine guéri, il rejoint l'armée du Rhin pour en commander l'avant-garde. On ne suit que difficilement ses mouvemens si rapides et si multipliés. Il enlève Kelbron, s'empare de Laufen, repousse l'ennemi à Stuttgard, et se porte au secours de Manheim. Il est nouveau atteint de deux coups de feu devant cette place. Investi du commandement provisoire de l'armée du Rhin, il fait une attaque sur toute la ligne, et opère ainsi une division utile, tandis que Masséna défait complétement l'armée austro-russe à la bataille de Zurich.

Bonaparte, revenu d'Égypte, après avoir

renversé le Directoire, avait en vain offert la paix aux puissances coalisées. Ney se trouvait employé à l'armée du Rhin.

La guerre se rallume avec une nouvelle fureur, le 22 brumaire an ix. Ney prend part à toutes les opérations de l'armée du Rhin dans cette courte campagne, et contribue puissamment au gain de la célèbre bataille de Hohenlinden, qui la termine d'une manière si brillante. Dans cette journée, le mouvement rapide du général Ney, qui arriva le premier à la tête du défilé, où il s'empara de dix pièces de canon et fit dix mille prisonniers; l'audace impétueuse avec laquelle il poursuivit, jusque dans l'épaisseur de la forêt, une colonne ennemie qu'il avait enfoncée; l'union constante et combinée des efforts de sa division, et de celle du général Grouchy, ont eu la plus grande part aux succès de cette affaire à jamais glorieuse.

A l'époque de la paix de Lunéville, Ney revint à Paris; et le premier consul, qui désirait s'attacher plus intimement quelques uns des chefs les plus distingués de l'armée du Rhin, témoigna le désir de marier le général Ney avec mademoiselle Augnié, amie intime de sa belle-fille, Hortense de Beauharnais. Ce projet de mariage s'effectua au mois de thermidor an x. Bonaparte, à cette occasion, fit don au général d'un magnifique sabre égyptien. Au mois de vendémiaire an xi, le premier consul nomma Ney envoyé extraordinaire et ministre plénipotentiaire auprès de la république helvétique, devenue le foyer des intrigues de tous les cabinets de l'Europe. Il entre en Suisse dans les premiers jours du mois de brumaire, et trouve presque tous les cantons en armes. Il fait occuper la position d'Alten, la forteresse d'Augsbourg, la ville de Zurich, et se présente au sénat de Berne, qu'il assure de la protection de la France, en même temps qu'il signifie au général Bachmann l'ordre de licencier ses troupes.

Dans l'espace de quelques mois, Ney rétablit la tranquillité sur tous les points de la Suisse, entame des conférences avec les députés des cantons, et les détermine à se rendre à Paris pour y signer le traité de médiation, le 19 février 1803. A la suite de cette mission, le comte d'Affry, alors chef du gouvernement helvétique, remit au général Ney une médaille, que les cantons lui décernèrent en honneur de sa modération et de sa justice, et comme un témoignage de leur reconnaissance.

Rappelé, au mois d'octobre 1803, Ney va prendre au camp de Boulogne le commandement du sixième corps de l'armée que Bonaparte y rassemblait avec l'intention d'effectuer une descente sur les côtes d'Angleterre. Le premier consul, sur ces entrefaites, est proclamé empereur, sous le nom de Napoléon Ier. En rétablissant le trône, il sent la nécessité de rétablir les titres, les décorations, les honneurs, qui en sont à la fois le cortège et l'ornement. Quel autre avait plus de droit que le général Ney aux premières et aux plus hautes faveurs impériales ? Il fut élevé, le 19 mai 1804, à la dignité de maréchal, et nommé, quatre mois après, à la formation de l'Ordre, grand aigle de la Légion-d'Honneur, et chef de la septième cohorte.

La guerre avec l'Autriche vient d'être déclarée ; le maréchal Ney quitte Boulogne avec le sixième corps d'armée qu'il commande, et se rend, en vingt-six jours de marche, des côtes de la Manche sur les bords du Rhin ; passe ce fleuve le 6 vendémiaire an XIII, et occupe bientôt tous les débouchés sur le Danube. Le 17, il s'empare du pont de Guensbourg, après un combat opiniâtre, et, le lendemain, il emporte l'inattaquable position d'Elchingen, cette importante clef du plateau de Michenlsberg, lequel fait toute la force des approches de la ville d'Ulm. Il culbute l'ennemi, le précipite du plateau, où il s'établit, et le force à se renfermer dans la place.

Ce combat d'Elchingen, l'un des faits d'armes le plus étonnants que le talent et l'audace aient jamais exécutés, eut pour résultat immédiat la prise d'Ulm, et les immenses avantages qui en furent la suite. Le maréchal y trouva, deux ans après, le titre de duc d'Elchingen, dont il fut qualifié, et qui déjà ne pouvait rien ajouter à la gloire de son nom. Après la capitulation d'Ulm, l'armée française marche sur Vienne : plusieurs corps autrichiens occupaient le Tyrol et le Voralberg. Détaché contre eux, sur la droite de la grande armée, avec trente mille hommes, Ney chasse du Tyrol l'archiduc Jean, et, après avoir enlevé le fort Sharnitz, il occupe Inspruck et Hall, où il s'empare des arsenaux, des magasins et des hôpitaux de l'ennemi.

Nous touchons à l'année 1806, qui devait porter si haut la gloire du maréchal Ney. Une nouvelle coalition s'était formée contre la France ; l'empereur Napoléon avait réuni, à la hâte, vers le milieu d'octobre, les corps disséminés en Allemagne. Toujours à la tête du sixième corps, Ney prit part à toutes les opérations de cette campagne foudroyante, qui eut pour résultat d'abattre la Prusse à Iéna et à Awerstaedt, et de forcer la Russie à la paix.

La capitulation d'Erfurt, avec quatorze mille prisonniers et cent vingt pièces de canon ; celle de Magdebourg, boulevart de la Prusse, avec vingt-trois mille prisonniers et huit cents canons ; le passage de la Vistule et la prise de Torn ; les combats sanglans de Soldau et Mlawa ; le secours si prompt et si nécessaire qu'il donna au maréchal Bernadotte, attaqué, le 25 janvier 1807, par toute l'armée russe, à Mohrungen ; la destruction totale d'un corps prussien, à Deppen ; son combat, le soir de la bataille d'Eylau, à Schmoditten, lequel eut pour effet de couper la retraite des Russes sur Kœnisberg ; son séjour à Guttestad, où il maintint, pendant trois mois, la discipline la plus sévère, et soutint, par sa constance inébranlable, le cou-

rage de ses soldats, sur qui pesaient les fléaux
réunis de la disette et du froid le plus rigou-
reux, repos non moins terrible et non moins
glorieux que son admirable combat de Guttestad, le 5 juin 1807, dans lequel il soutint,
avec quatorze mille combattans, les efforts
d'une armée russe de soixante-dix mille
hommes, et de cent pièces de canon ; son intrépidité et son sang-froid, dans cette journée
et dans celle d'Amskerdof, où, pour la première fois, il eut à faire preuve de cette pro-
fonde connaissance de l'art des retraites, qu'il
déploya depuis en Portugal et en Russie ; sa
conduite héroïque à la bataille de Friedland,
où il repoussa et rejeta dans l'Alle l'aile gauche de l'ennemi, emporta la ville défendue
par la garde impériale russe, et mérita que
l'empereur Napoléon déclarât que c'était à la
droite, où commandait le maréchal Ney, que
se décida la victoire, tels furent les trophées
particuliers du maréchal dans cette étonnante
campagne. Ils lui méritèrent l'immortel sur-

nom de « Brave des braves, » qui lui fut décerné, d'une voix unanime, par une armée de héros.

Suivons-le sur un nouveau théâtre de sa gloire. Napoléon, au milieu de la paix, avait envahi l'Espagne, et l'insurrection générale de la Péninsule avait été la suite de ce coup d'État, qui devait être si funeste à celui qui l'avait porté. En 1808, le maréchal, toujours avec le sixième corps, participe aux opérations de l'armée sur Madrid et aux divers combats qui ouvrent les chemins de cette capitale. Détaché à la poursuite de l'armée anglaise, il contribue, par plusieurs marches savantes, à faire échouer les manœuvres sur Madrid, du général Wellesley, depuis lord Wellington. Le maréchal soumet la Galice et les Asturies, qu'il occupe en 1809. Vers le mois d'août de la même année, à la suite du mouvement qu'il fit pour renforcer le maréchal Soult, il rencontra, à Banos, le général Wilson, qui prétendait lui couper le passage ; il le défit dans un combat sanglant.

Sur ces entrefaites, Napoléon avait triomphé de l'Autriche, à Wagram, et l'on pouvait espérer la paix dans le Nord ; mais l'expédition du Portugal est résolue, et le maréchal Masséna prend le commandement général de cette armée, dont le corps du maréchal Ney faisait partie. Le siége et la prise de Ciudad-Rodrigo, et la reddition d'Alméida, signalent les premiers pas du maréchal Ney dans cette expédition. L'armée s'avançait dans le Portugal, et ne fut arrêtée, dans sa marche victorieuse que par la position inexpugnable de Villa-Franca, sous les murs de Lisbonne. Après cinq mois d'une occupation inutile, la disette força l'armée française à la retraite ; le sixième corps en faisait l'arrière-garde, et ce fut avec les six mille braves, auxquels le corps se trouvait réduit, que le maréchal Ney soutint les attaques de l'armée anglo-portugaise, forte de plus de quarante mille hommes, et qu'il par-

vint à Miranda del Corvo, en cédant le terrain
pied à pied. Le désordre arrivé au pont de
Potz de Aronce, et quelques mal-entendus
entre les états-majors furent cause de la
mésintelligence qui se manifesta entre les deux
maréchaux. Elle fut portée à son comble à
Cortezo : Masséna voulait se retirer sur Pa-
lencia, et Ney sur Rodrigo. Sur son refus
d'obéir, le général en chef lui ôta le commandement, et il partit pour la France. Ce jour
fut un jour de deuil pour l'armée, qui venait
de lui devoir son salut.

Dans l'organisation de la grande armée
destinée à entrer en Russie, Napoléon confia
au duc d'Elchingen le commandement du
troisième corps. Contentons-nous de rappeler
ici le combat de Liady, livré le 14 juillet
1812 ; la part brillante qu'il eut à la prise de
Smolensk, le 17 ; l'affaire de Valentina, dans
laquelle il battit, avec le troisième corps,
augmenté de la division Gudin, trois corps
de l'armée russe ; la gloire immortelle dont il

se couvrit à la bataille de la Moskowa, et dans laquelle il se surpassa lui-même. On le vit, le 18 novembre, au combat de Krosnoë, séparé du reste de l'armée française, et réduit à sept mille hommes, se retirer en combattant, et, dans ce grand désastre, conserver l'honneur des armes françaises, au passage du Dnieper. Tout est prodige dans cette retraite, et la postérité serait en droit de la révoquer en doute, s'il s'élevait une seule voix contemporaine qui en contestât la vérité.

Parvenu au haut du Dnieper, Ney, après avoir côtoyé le fleuve, dans le sens de son cours, prend la résolution d'en tenter le passage sur la glace.

Le corps français, réduit alors à trois mille combattans, parvint ainsi à mettre le Dnieper entre lui et le corps d'armée russe, commandé par le général Miloradowits; mais, après quelques heures de marche, il se trouva tout à coup en présence d'une armée innombrable de Cosaques, et commandée par Platoff en per-

sonne. Ney alors se hâte de quitter la plaine,
où il s'est engagé, pour se jeter dans un bois
sur sa gauche; mais une batterie, embusquée
dans ce même bois, le foudroie à mitraille,
et porte la destruction dans sa faible colonne.
Le découragement s'empare des soldats, et ils
sont ébranlés par la sommation qui leur est
faite de se rendre. Ney, aussitôt, se jette au
milieu d'eux, et, les bras étendus, et d'une
voix terrible : « La France, leur dit-il, est
» devant vous; derrière, une affreuse capti-
» vité. Abandonnez votre général, il va
» mourir libre, et Français : vous allez mou-
» rir esclaves ! » Tous, à ces mots, s'arrê-
tent, ressaisissent leurs armes, et se précipitent,
avec des cris effroyables, sur la batterie,
qu'ils enlèvent.

Le héros poursuit sa marche à travers les
torrens et les ravins ; il espère arriver le lendemain à Orcha, dont il n'est plus éloigné que
de quelques lieues, lorsqu'en en débouchant
d'un bois, une ligne de feux de bivouacs, que

l'on distingue dans le lointain, semble annoncer la présence d'une armée de vingt ou trente mille hommes. Le Brave des braves, dans cette extrémité, ne prendra conseil que de son héroïque désespoir. Il ordonne la charge, et se précipite sur les feux ennemis pour s'y frayer un passage ; quel est son étonnement de n'y trouver que quelques Cosaques, qui prennent aussitôt la fuite ! Ce fut ainsi que le maréchal déjoua le stratagème de Platoff, qui s'était imaginé que cette démonstration suffirait pour arrêter son invincible adversaire.

Cette vigueur d'ame, cette force de corps, dont il vient de donner un si mémorable exemple, ne l'abandonneront pas dans cette fatale retraite, où il ne partage avec aucun autre chef l'immortel honneur d'avoir sauvé les débris de l'armée française au passage de la Bérésina. Jusque-là le Brave des braves n'avait été qu'un héros ; mais sa belle conduite, dans cette circonstance, lui assigne une des premières places parmi les plus grands citoyens, et recommande sa mémoire à la reconnaissance des Français et de la postérité.

L'année suivante, 1813, retrouva Ney à la tête du troisième corps de cette grande armée, que les élémens seuls avaient pu vaincre, et que Napoléon venait de réorganiser. La campagne de Saxe est ouverte; le maréchal passe le défilé de Pozerna, sous le feu de l'ennemi, qu'il culbute; son corps, qui forme l'arrière-garde, est attaqué par cent vingt mille hommes à Kaya; il soutient, pendant six heures, tous les efforts de l'armée combinée; les autres corps arrivent à cinq heures du soir, et la victoire de Lutzen est décidée. Le 10, il passe l'Elbe à Torgau, pour manœuvrer sur la rive droite; le 20, les armées sont en présence à Bautzen, et l'on s'empare de la ville retranchée, après le combat le plus opiniâtre. Le maréchal tourne la seconde position de l'ennemi, par sa marche au delà de la Sprée, débouche le lendemain, et enlève à la baïonnette la position du village de Preilitz, qui est pris et repris plusieurs fois. Mais Ney, dont le courage s'accroît toujours avec la résistance, tente un dernier effort, donne, tête baissée, sur l'ennemi qu'il renverse, se rend enfin maître de Preilitz, marche sur Wurschen, et y prend position à huit heures du soir.

L'ennemi, qui a perdu dix-huit mille hommes dans ces différentes attaques et qui se voit tourné de toute part, profite de la nuit pour opérer sa retraite, tandis que Ney, ayant alors sous ses ordres les troisième, cinquième et septième corps, force le passage de la Queis, s'avance en Silésie, et entre, le 3 juin 1813, à Breslaw, où l'armistice lui permet de soigner la blessure qu'il avait reçue à Lutzen. Bientôt la guerre se rallume, l'Autriche est dans les rangs ennemis; la bataille de Dresde se livre. Le succès allait couronner l'attaque des six formidables colonnes de l'armée coalisée, précédées chacune de cinquante bouches à feu, lorsque les quatre divisions de la jeune garde, et la division Barrois, à la tête desquelles débouchait le prince de la Moskowa, changèrent tout à coup la face du combat, et forcèrent l'ennemi à se retirer sur les hauteurs qui dominent la ville de Dresde.

Nous avons suivi avec enthousiasme, aux deux extrémités de l'Europe, le héros qui, depuis 20 ans, n'avait pas quitté les champs de bataille, si souvent arrosés de son sang au milieu des lauriers qu'il y avait cueillis. Nous allons le voir, avec plus d'admiration encore, se surpasser lui-même, en défendant le sol de la patrie. Le maréchal Ney n'eut pas de commandement fixe dans la campagne de 1814, où cinquante-trois mille hommes, dispersés sur plusieurs points, luttèrent pendant trois mois contre trois cent mille alliés. Il ne quitta que rarement l'empereur Napoléon, et prit une part glorieuse à tous les engagemens qui signalèrent une époque où la victoire et la fortune se disputèrent les destinées de la France.

Le 29 janvier, à la journée de Brienne, le prince de la Moskowa, à la tête de six bataillons, en colonne serrée, se porte sur la ville, par le chemin de Mézières, y pénètre, et livre un combat de nuit opiniâtre, qui force l'ennemi à la retraite. Le 1er février, il se trouve au sanglant combat de la Rothière et de Dieuville ; le 2, il fait l'arrière-garde, et protège le passage de l'Aube, au pont de l'Esmont, dans la manœuvre sur Troyes ; le 10, il prend part à la bataille de Champ-Aubert ; le 11, au combat de Montmirail, il arrête l'ennemi au village de Marchais, à la tête de la vieille garde, et s'empare, à la baïonnette, de la ferme de l'Épine-au-Bois. Le 21, au combat de Château-Thierry, il prend le commandement de la quatrième division de cavalerie, et tourne la gauche de l'ennemi ; le 14, il revient sur Montmirail, et ne cesse pas, à l'affaire de Vauchamp, de combattre à la tête des troupes. Le 15, enfin, il est sur la Seine, pour s'opposer aux progrès de l'armée austro-russe sur Paris, objet principal de toutes ses manœuvres.

Cette armée avait perdu trente-cinq mille hommes e tsoixante-sept pièces de canon dans ces combats de cinq jours, et Napoléon, ébloui par le succès, venait de refuser la paix qu'on lui avait offerte à Châtillon. Le 6 mars, Ney tourne le grand plateau de Craonne, et soutient la bataille la plus inégale et la plus opiniâtre à la ferme de Heurt-Bise. Le 7, il attaque l'ennemi sur ses derrières, et le rejette sur l'abbaye de Vaucher; le 8, il chasse les Russes de Chavigny-sur-Ursel, et les poursuit jusqu'à Étournel; le 10, il est chargé de l'arrière-garde après l'attaque infructueuse de la position de Laon; le 15, il se rend à Châlons, pour tâcher de recueillir les troupes des places de la Moselle; le 19, il revient à Arcis-sur-Aube, et soutient, avec moins de cinq mille hommes, au village de Torey, les efforts réitérés des Austro-Russes.

Cependant Napoléon a reconnu qu'il ne pouvait, avec une poignée d'hommes, lutter de front contre cette armée formidable, et,

prenant la résolution de se porter sur ses
derrières, il marche sur Saint-Dizier ; l'ennemi ne le suit pas, et continue à s'avancer
sur Paris. Bonaparte revient, à la hâte, par
Troyes et Sens ; mais à peine sa petite armée
est-elle arrivée à Fontainebleau, que les
alliés entrent dans la capitale de l'empire. Le
sénat avait déclaré la déchéance ; et le prince
de la Moskowa, le duc de Tarente et le duc de
Vicence, avaient été choisis par l'empereur,
pour négocier, au nom de la régence, la paix
avec les souverains alliés ; mais, pendant ce
temps, le duc de Raguse signait, le 3 avril, un
traité particulier, dont le résultat détruisit le
reste d'espoir qu'on avait pu fonder sur une
négociation générale. Dès lors, les trois envoyés ne purent obtenir de l'empereur Alexan-
dre d'autre condition que celle d'une abdica-
tion entière et sans réserve, et d'une ligne de
démarcation entre les armées. Napoléon y
souscrivit, le 5 avril, et, tous les arrange-

mens terminés, il partit, le 20 du même mois, pour l'île d'Elbe.

Le maréchal Ney, au retour du roi, accepta le commandement en chef du corps royal de cavalerie, et le gouvernement de la sixième division militaire auquel on le nomma, le 12 juin 1814. Il fut, en outre, revêtu de la dignité de pair. L'horizon politique s'était chargé de nuages, et des symptômes d'insurrection s'étaient manifestés dans plusieurs parties de la France, lorsqu'on apprit, le 5 mars 1815, que Napoléon était débarqué avec cinq cents hommes au golfe Juan, évènement dont le maréchal Ney ne fut informé qu'en arrivant à Paris, en vertu de l'ordre qu'il avait reçu, à sa terre, de se rendre dans son gouvernement.

Il était convaincu que le retour de Napoléon serait funeste à la France, et il ne cessait de dire « qu'il fallait couper le mal dans » sa racine, et se porter, à marches forcées,

» au devant de Bonaparte, pour l'empêcher
» de gagner du terrain. »

C'est donc dans toute la franchise, dans toute la loyauté de son ame, qu'il résolut de s'opposer à ses progrès, et qu'en prenant congé du roi Louis XVIII, il lui donna l'assurance de repousser, de tous ses efforts, une invasion qu'il regardait comme une occasion de trouble et de malheur pour son pays. Les premières dispositions qu'il fit, pour arrêter la marche de Napoléon, prouvent jusqu'à l'évidence l'intention où il était de rester fidèle aux engagemens qu'il venait de contracter. Arrivé à Besançon, le 10 mars, la position des choses le frappe sous un autre point de vue. Déjà, en effet, la totalité des troupes envoyées contre Napoléon a passé dans ses rangs, et la population des campagnes courait sur son passage. Le comte d'Artois et le duc d'Orléans avaient reconnu, à Lyon, l'impossibilité de la résistance, et déjà les troupes du maréchal partageaient elles-mêmes ce délire. Le 12, Châlons-sur-Saône et Autun étaient insurgés; et, dès le 14, on fit courir le bruit que la cour avait quitté Paris.

Au milieu de cette grande et subite défection, le maréchal Ney crut que le trône, qui avait reçu ses sermens, avait disparu ; mais que la France restait encore, et qu'il s'agirait bientôt de la défendre contre les efforts réunis de l'Europe entière. Sans doute il était de son devoir, et surtout de son intérêt de quitter ses troupes, et de revenir attendre l'évènement à Paris, sauf à reparaître, comme tant d'autres, au Champ-de-Mai. Ce calcul personnel était indigne de lui.

Dans l'impossibilité où il se voyait de remplir ses promesses, il ne pensa pas qu'il lui fût permis de rester neutre dans cette crise terrible. Lorsqu'il rejoignit Napoléon à Auxerre, il lui remit un mémoire « dans lequel il le » sommait de gouverner par les lois, et lui dé- » clarait qu'il ne se réunissait à lui que dans » l'intérêt de la patrie, et que s'il ne lui pro-

» mettait solennellement de faire le bonheur
» des Français, il n'était plus un de ses géné-
» raux, mais son prisonnier. »

Ney servit Napoléon durant les Cent-Jours,
comme il servit le premier consul en 1801,
lorsqu'il répondit au général Moreau, qui lui
en faisait le reproche : « J'ai servi sous la Con-
» vention, je la haïssais ; j'ai servi sous le
» Directoire, je ne l'estimais pas ; je servirai
» sous Bonaparte, comme je servirais sous
» vous si vous étiez à sa place, parce que j'ap-
» partiens à la France, et que ce n'est jamais
» qu'elle que je sers, sous les ordres de
» l'homme qu'elle adopte pour chef. »

Le 11 juin 1815, le prince de la Moskowa
reçoit l'ordre d'entrer en campagne, et il
prend, à Charleroi, le commandement de
l'aile gauche. Le surlendemain, 16, se donne
la bataille de Ligny. Ney marche sur les Quatre-Bras, et attaque les Anglais, sur lesquels
il obtient d'abord un brillant succès ; mais un
renfort de vingt-cinq mille hommes conduits

par le prince d'Orange oblige le maréchal à se maintenir sur la position de Frasnes. Là, s'engagent des combats multipliés, dans lesquels il est constamment vainqueur. Le drapeau du 69ᵉ régiment anglais tombe entre ses mains, le prince de Brunswick est tué, le prince d'Orange est blessé grièvement ; une victoire complète paraissait assurée à l'aile gauche de l'armée française, lorsque le maréchal reçut l'avis que l'empereur avait disposé du corps de d'Erlon. Dès ce moment, il se borne à soutenir, avec dix-sept mille hommes, pendant toute cette journée, les efforts de cinquante mille Anglais, restés maîtres de la position des Quatre-Bras.

Sur ces entrefaites, Napoléon battait l'armée prussienne. Le 17, le maréchal se met en marche, et arrive le soir au débouché de la forêt de Soigne, où toute l'armée anglaise était en position ; et le lendemain on livre la bataille de Waterloo, qui fut perdue et dont les funestes résultats sont trop connus pour qu'il soit besoin de les rappeler ici.

Les Chambres, une seconde fois, forcent Bonaparte à abdiquer. Davoust réunit, sous Paris, les débris de l'armée française; l'armée anglo-prussienne resserre la capitale, et y entre sans capitulation. L'ex-empereur part pour Sainte-Hélène ; le corps de Grouchy arrive intact ; Excelmans engage à Versailles un combat que le succès couronne ; l'armée française se déploie à Montrouge et paraît disposée à livrer bataille. Ces diverses circonstances décident l'ennemi à signer une convention militaire, le 3 juillet. L'article xii de cette convention est ainsi conçu : « Les per-
» sonnes et les propriétés individuelles seront
» également respectées. Les habitans, et en
» général tous les individus qui seront dans
» la capitale, continueront à jouir de leurs
» droits et libertés, sans pouvoir être recher-
» chés, soit en raison des emplois qu'ils occu-

» pent ou ont occupés, ou de leurs conduite
» et opinions politiques. »

L'armée française tout entière exécuta fidè-
lement sa part, dans cette convention, en éva-
cuant Paris pour se rendre derrière 'a Loire ;
et le maréchal Ney, qui avait d'abord songé
à s'expatrier, fort de cet article xii de la convention, et du conseil que lui donnèrent le
président du gouvernement provisoire et le
ministre de la guerre, « de se borner à s'éloi-
» gner de Paris, pour quelque temps, en
» l'assurant que personne ne serait inquiété, »
le maréchal Ney, disons-nous, se rendit d'a-
bord à Saint-Alban, où le maréchal Suchet,
général en chef de l'armée de Lyon, lui proposa l'argent, les passe-ports et l'escorte nécessaires pour le conduire en Suisse. Il refusa
ces offres généreuses, et se retira à Bessonis,
près d'un de ses parens, dans le département
du Lot, où il fut arrêté, le 5 août 1815.

La résolution de Ney était prise, et prise
irrévocablement. Sa volonté était de paraître

devant un tribunal, bien moins pour y défendre une vie dont il avait tant de fois fait
le sacrifice, que pour laver publiquement son
honneur de l'odieuse inculpation d'avoir reçu
de l'argent à son départ pour Lons-le-Saulnier.

Le héros de la Moskowa parut devant la
Chambre des pairs, le 22 novembre. M. Dupin prit la parole à l'occasion de plusieurs
questions préjudicielles qui s'élevèrent avec le
procureur général Bellart. Ce fut dans une
de ces courtes et vives répliques, que M. Dupin prononça cette brillante apostrophe qui
excita un mouvement général dans l'assemblée : « Accusateurs, vous voulez placer sa
» tête sous la foudre, et nous voulons mon-
» trer comment s'est formé l'orage ! »

Le 4 décembre, les témoins furent enten-
dus : les débats semblaient prouver qu'il n'y
avait pas eu de préméditation ; que l'insurrection était générale ; et démontraient jusqu'à
l'évidence que l'assertion, si perfidement
propagée, qu'il avait reçu cinq cent mille

francs, était une infame calomnie. Le 5 et le 6, les débats présentèrent un plus grand intérêt. La Convention de Paris fut invoquée; les commissaires nommés pour en traiter parurent à la barre, ainsi que le prince d'Eck-mühl, dont ils tenaient leur mission, et tous déclarèrent « que les articles XI et XII étaient
» impératifs; que le moindre changement, à
» cet égard, rompait les négociations, et
» qu'on aurait livré bataille avec soixante-dix
» mille homme, et cinq cents pièces de ca-
» non. »

Le prince d'Eckmühl n'avait pas achevé sa déclaration, que le procureur général se lève, et requiert qu'il soit interdit au maréchal accusé de se servir de ce moyen; le président y fait droit. Ney se lève alors, et, d'un ton calme et plein de dignité : « Messieurs, dit-
» il, j'ai pu me croire jusqu'ici libre dans ma
» défense; mais puisqu'on veut m'interdire
» de réclamer le droit des gens, en me ser-
» vant d'une convention qui a été faite pour

» moi comme pour tous ceux qui ont pris
» le même parti, je prie MM. les avocats de
» ne point continuer. » On pourrait regretter que M. Dupin eût fait valoir, pour son illustre client, le traité du 20 novembre, qui sépare de la France la ville de Sarre-Louis, où naquit Ney, et qui le plaçait hors de la juridiction d'un cour française, si ce moyen, suggéré par son défenseur, n'eût amené cette sublime interruption du maréchal : « Messieurs, je suis Français, je mourrai Français !... » Mais, hâtons-nous d'arriver à l'issue de ce procès, c'est à dire, en nous servant des propres expressions de M. Lally-Tollendal, à la douloureuse condamnation du maréchal Ney, qui fut condamné à mort, à l'immense majorité de cent soixante-neuf voix contre dix-sept !

Le prince de la Moskowa était rentré dans sa prison, avait dîné seul, et s'était endormi d'un sommeil tranquille. Le lendemain matin, il fut réveillé par la lecture de son arrêt, et dit, en s'entendant désigner par tous ses

titres : « Que ne dites-vous simplement Mi-
» chel Ney, aujourd'hui soldat français, et
» bientôt un peu de poussière ? » Il fit appeler le curé de Saint-Sulpice, et remplit ses
devoirs de chrétien. « C'est moi, lui dit-il
» en le quittant, moi qui n'ai jamais aban-
» donné mes compatriotes, qui ai toujours
» combattu dans leurs rangs ou à leur tête ;
» c'est moi que l'on regarde et que l'on con-
» damne comme un traître!... Que Dieu par-
» donne à mes juges!... » Il demanda à
voir sa famille, et aussitôt on vit accourir sa
femme, ses enfans, sa belle-sœur, le désespoir dans l'ame, pour recevoir sa bénédiction
et ses derniers adieux.

Après avoir béni ses enfans, et leur avoir
recommandé d'aimer et de respecter leur ex-
cellente mère, le maréchal s'arracha des bras
de sa femme, et ne put la déterminer à le quitter qu'en lui faisant observer, avec un sourire, que, si elle voulait faire quelques dé-
marches, il n'y avait pas de temps à perdre.

9.

Le croira-t-on ! cette épouse infortunée fut repoussée par tous ceux à qui elle s'adressa ; tout accès auprès du roi Louis xviii lui fut interdit, et elle était encore agenouillée aux portes des Tuileries, que le vainqueur de la Moskowa, que le sauveur de l'armée française, à la Bérézina, avait cessé de vivre !

La carrière militaire, si glorieusement parcourue par le maréchal Ney, fut un des plus grands exemples de l'héroïsme des camps, et ses derniers momens déployèrent en lui un courage plus sublime et plus rare encore. Arrivé à la porte extérieure du jardin du Luxembourg, en face de l'Observatoire, il se plaça devant le piquet chargé de le fusiller, et dit : « Je déclare, devant Dieu et devant les hom- » mes, que je n'ai jamais été traître à ma » patrie ! puisse ma mort la rendre plus heu- » reuse !.... Vive la France ! » Découvrant ensuite sa poitrine, il commande le feu, et tombe percé de six balles dans le cœur, et de quatre dans le cou et les bras.

Beranger

BÉRANGER.

PIERRE-JEAN DE BÉRANGER est né à Paris,
en 1780, d'une famille pauvre, et qui ne doit
à aucune distinction nobiliaire la particule qui
précède son nom; jeune encore, il fut mis
en apprentissage dans une imprimerie, et y
apprit l'orthographe et les règles de la versifi-
cation : c'est à quoi son éducation s'est bornée.
Aussitôt que Béranger eut acquis l'art d'ex-
primer ses idées, il s'abandonna au penchant
irrésistible qui l'entraînait vers la poésie. Des
essais dans le genre élevé lui valurent, en 1804,
la protection de Lucien Bonaparte.

Lors de l'exil volontaire de son protecteur, Béranger voulut lui dédier un recueil de poésies pastorales; il en fut empêché par la suppression de la dédicace et de plusieurs autres morceaux empreints d'un sentiment de reconnaissance qui effaroucha la censure impériale. Lors de l'organisation de l'Université, il accepta, dans le secrétariat de cette administration, une place des plus modiques. Dans les *Cent-Jours*, on lui proposa les fonctions de censeur, fonctions auxquelles le gouvernement de cette époque croyait devoir attacher de grandes indemnités; il les refusa.

Béranger, qui n'avait encore rien publié par la voie de l'impression, était néanmoins déjà célèbre. Quelques chansons lui avaient fait prendre place au premier rang des chansonniers. La chanson du *Sénateur* avait été chantée partout, même par les sénateurs; celle du *roi d'Yvetot* obtint encore plus de succès. Cela devait être. Jamais la satire, avec plus d'innocence, ne s'était montrée si hardie, si naïve et si gaie. Le prince à qui s'adressait la leçon en rit lui-même; mais il n'en profita pas. Dix huit mois après, les ennemis de la France décidaient, à Paris, de son sort et du nôtre. Très différent du commun des poètes, Béranger n'insulta pas l'homme qui n'était plus à craindre; il est vrai qu'en cela aussi, très différent d'eux, il ne l'avait point flatté quand c'était un moyen de s'enrichir.

C'est pendant l'occupation de la France par les troupes alliées que son talent s'augmenta encore. Notre grandeur passée, notre abaissement présent lui inspirèrent de nouveaux chants. Ils portent souvent le caractère de tristesse, inséparable de pareils sujets, mais cette tristesse n'a rien que de noble; c'est l'expression du regret et non du découragement, et l'on sent que l'auteur de ces chants n'a jamais désespéré de la gloire nationale. En relisant ses strophes modestement intitulées *couplets*, on ne peut s'empêcher de répéter avec l'illustre Benjamin Constant : « Bé-

» ranger fait des odes sublimes quand il ne
» croit faire que de simples chansons. »

Sous la restauration, Béranger fut souvent poursuivi et emprisonné pour la publication de ses œuvres, qui portaient de terribles coups au gouvernement d'alors. Retiré dans un modeste asile depuis la révolution de juillet, l'illustre poëte a cessé de chanter.

D'ALEMBERT.

D'ALEMBERT, écrivain et mathématicien célèbre, fut trouvé exposé sous le portail de la petite église Saint-Jean-le-Rond à Paris, le 16 novembre 1717. Les langes qui l'enveloppaient annonçaient qu'il devait le jour à quelqu'un de riche. En effet, il était le fruit des amours du chevalier Destouches avec une dame de T........, religieuse relevée de ses vœux. Cependant le commissaire du quartier allait faire porter le nouveau-né à l'hôpital des Enfans-Trouvés, lorsque le chevalier, instruit de ce qui s'était passé, envoya, pour demander à l'élever, la femme d'un vitrier, à qui il fit parvenir, sans se faire connaître, de quoi fournir à sa subsistance et à son éducation. On le nomma Jean le Rond, du nom de l'église où il avait été trouvé. La vitrière en prit autant de soin que s'il eût été son propre fils. Dès qu'il fut en état d'apprendre, elle l'envoya chez un instituteur qui vint un jour lui déclarer qu'il n'avait plus rien à enseigner au petit écolier ; et cet enfant n'avait encore que sept à huit ans. On le plaça alors au collége des Quatre-Nations. Le Rond fit des progrès rapides. En 1732, sa mère, assistant à la distribution des prix du collége, eut le plaisir secret de voir son fils en remporter deux, suivis de trois couronnes. M. de la Condamine croyant faire sa cour à cette dame, dont il connaissait les aventures, lui proposa de voir l'écolier qui s'était si bien distingué, et s'offrit pour le lui présenter : soit crainte de se trahir, soit indifférence pour son sang, madame de T....... refusa de le voir: M. de Fontenelle se joignit à M. de la Condamine, pour faire l'éloge du jeune Le Rond, afin d'exciter la curiosité de sa mère, et de lui ménager la satisfaction de l'embrasser, mais il n'y eut pas moyen de vaincre la résistance de cette dame.

Quand le jeune écolier eut fini sa philosophie, on lui signifia qu'il était libre d'embrasser l'état qu'il jugerait à propos, et d'aller vivre où bon lui semblerait; on lui remit en même temps vingt-cinq louis, avec promesse de lui faire toucher exactement tous les six mois une pareille somme, à condition qu'il ne ferait point de recherches pour découvrir d'où elle lui venait. Le jeune Le Rond retourna chez la vitrière, sa nourrice, qui le prit en pension, et ce fut alors qu'il changea son nom en celui de d'Alembert, qu'il a si bien illustré. L'amour des lettres et de l'indépendance l'empêcha de prendre un état; il cultiva son esprit dans le silence du cabinet, et se livra particulièrement à l'étude des sciences exactes, pour lesquelles il eut toute sa vie un goût irrésistible.

Très jeune encore, il remporta le prix proposé par l'Académie de Berlin, dont le sujet était *la cause générale des vents*. Cette société savante l'admit aussitôt dans son sein. Il fut secrétaire perpétuel de l'Académie française, et membre de presque toutes les sociétés littéraires de l'Europe.

Voyant que d'Alembert s'était acquis tant de célébrité dans les sciences, sa mère manifesta dans plusieurs occasions le plus grand désir de le connaître ; mais comme il n'ignorait pas la conduite qu'elle avait tenue à son égard, il lui refusa obstinément cette satisfaction, malgré les avantages qu'il eût pu recueillir de sa complaisance. Il passa plus de vingt ans chez la vitrière, qui lui avait tenu lieu de mère, et conserva toujours pour cette femme le plus tendre attachement : il ne s'en sépara qu'après lui avoir assuré 600 livres de rente, sur un contrat de 12,000 livres, que le chevalier Destouches lui avait fait remettre avant de mourir.

Cet homme de mérite fut honoré particulièrement du grand Frédéric. L'impératrice de Russie, Catherine II, lui proposa de se charger de l'éducation de son fils; mais d'Alembert préféra rester dans sa patrie. Il mourut à Paris, le 29 octobre 1783.

DUVAL.

Valentin-Jameray Duval naquit en 1595, d'un pauvre laboureur, au village d'Artonay, en Champagne. Sa première enfance se passa dans la chaumière de ses parens, où on ne lui apprit pas seulement à connaître ses lettres. A dix ans, il avait perdu son père et sa mère : alors il entra chez un fermier pour garder le bétail, et y resta jusqu'à l'âge de quatorze ans, qu'il fut obligé d'aller chercher ailleurs du travail et du pain. S'étant présenté un soir

à l'ermitage de la Rochette, en Lorraine, pour
y demander l'hospitalité, son esprit et son caractère plurent au solitaire, qui l'engagea d'a-
bord à rester quelques jours avec lui, et en fut
si charmé, qu'il lui offrit ensuite la moitié de sa
solitude et son amitié. Remarquant en lui le
plus vif désir de s'instruire, il prit plaisir à
lui apprendre à lire et à écrire ; c'était tout
ce qu'il pouvait lui montrer. Valentin passa
ensuite à l'ermitage de Sainte-Anne, auprès
de Lunéville. Son occupation, dans cette nouvelle maison, était de garder six vaches et de
servir quatre ermites de la plus grossière ignorance. Un abrégé d'arithmétique, qui lui tomba
sous la main, fut un objet précieux pour lui;
il se mit à l'étudier soigneusement dans le
silence des bois. Quelques cartes de géographie,
quoique bien informes, lui donnèrent les premières notions de cette science, et, à l'aide de
plusieurs feuillets d'almanach, où il était question des astres, il se mit à étudier l'astronomie; un chêne élevé devint son observatoire,

et des tubes de roseau, préparés par lui, étaient ses seuls instrumens. Plus Valentin apprenait, plus il brûlait du désir d'apprendre : il s'avisa de faire la chasse aux animaux des forêts dans le dessein de vendre leurs fourrures pour acheter des livres.

Une aventure heureuse vint lui faciliter les moyens de s'instruire : il trouva un cachet d'or armorié; l'ayant fait annoncer au prône, celui qui l'avait perdu se présenta, et, charmé de rencontrer dans Valentin un enfant studieux, il l'invita à le venir voir, et augmenta considérablement sa bibliothèque.

Tandis que Valentin formait ainsi son esprit par l'étude, il faut l'avouer, le troupeau n'en allait pas mieux. Les ermites, qui se moquaient des sciences, se plaignirent très haut; l'un d'eux le menaça un jour de brûler tous ses livres. Valentin saisit une pelle à feu, et met le frère à la porte de sa propre demeure, en fait autant aux autres qui accourent au bruit, et s'enferme seul à double tour. Sur ces entrefaites, le supérieur arrive, et demande ce que signifie tout ce qu'il voit. Valentin, placé tranquillement à la fenêtre, explique avec sincérité les torts des frères et les siens propres, et n'ouvre la porte qu'après avoir fait accepter une capitulation. Les deux points principaux du traité furent l'oubli de tout le passé, et deux heures par jour, à l'avenir, pour vaquer à ses études. A ces conditions, il s'engagea à servir l'ermitage pendant dix ans pour la nourriture et l'habit. Il observe dans ses mémoires que cet acte fut ratifié chez un notaire de Lunéville.

Un jour que Valentin était dans le bois qui lui servait de cabinet d'étude, environné, selon sa coutume, de ses livres et de ses cartes géographiques, il fut abordé par un homme de bonne mine et richement vêtu, qui, surpris de cet appareil, lui fit différentes questions auxquelles il répondit avec justesse, mais sans faire beaucoup d'attention à celui qui l'interrogeait. Pendant cet entretien, nombre d'officiers, arrivant de toute part, entourèrent avec respect le personnage qui questionnait Valentin. Celui-ci, apprenant qu'il était en présence du prince de Lorraine, voulut excuser la liberté de ses réponses. Le prince le rassura et lui dit que, content de ses dispositions, il se chargeait de son sort : en effet, il le plaça dans une Université. Valentin fit des progrès si rapides, qu'au bout de deux ans, le prince, qui voulait se l'attacher, lui fit faire plusieurs voyages, et, à son retour, le nomma son bibliothécaire et professeur d'histoire à l'Académie de Lunéville.

Dans la prospérité, Valentin n'oublia point son ancien ermitage de Sainte-Anne, et le fit rebâtir à neuf. Lorsque la Lorraine fut cédée à la France, il refusa toutes les propositions qui lui furent faites pour rester, et suivit la bibliothèque de son bienfaiteur à Florence, où il demeura dix ans. La réputation que son savoir lui avait acquise le fit appeler par l'empereur d'Autriche, pour lui former, à Vienne,

un cabinet de médailles. C'est là qu'il vécut
aimé et considéré de toute la famille impériale,
et qu'il mourut en 1775, âgé de près de quatre-
vingts ans.

HOCHE.

Lazare Hoche, né à Montreuil, près Versailles, le 24 février 1768, était fils d'un
garde du chenil de Louis xv. A peine sut-il
lire qu'on le plaça lui-même dans les écuries
du roi en qualité de palefrenier. Doué des plus
heureuses dispositions, avide de connaissances
utiles, il se forma bientôt lui-même, et devint
le seul artisan de sa fortune. Entraîné par un
penchant irrésistible vers l'état militaire, il
prit, à dix-sept ans, le parti de s'engager dans
le régiment des Gardes-Françaises, où ses
talens et sa bonne conduite le firent bientôt
distinguer.

On le vit, avec surprise, se livrer aux travaux les plus fatigans, porter de l'eau, monter la garde pour ses camarades, et se charger de toutes les corvées pénibles, afin de gagner quelque argent, qu'il consacrait aussitôt à l'achat de nouveaux ouvrages, dont il ornait sa petite bibliothèque ; mais l'étude ne lui fit point négliger les exercices militaires, et il excellait dans le maniement des armes ; quoique très jeune, il fut nommé sergent des Gardes en 1784, et l'avancement au grade de sous-officier, dans ce corps privilégié, ne s'accordait alors qu'au seul mérite. Ayant eu, quelque temps après, une affaire d'honneur avec un de ses camarades, il se battit dans les carrières de Montmartre, blessa son adversaire, et reçut lui-même une large blessure au front, dont il conserva toute sa vie la cicatrice, mais qui, loin de le défigurer, ajoutait encore à son air martial.

Lorsque la Révolution éclata, en 1789, Hoche embrassa, avec enthousiasme, la cause de la liberté, et lui fut fidèle jusqu'à la mort. Après le licenciement des Gardes-Françaises, il passa dans la garde nationale soldée, dont on forma quatre régimens, dans l'un desquels il fut promu au grade d'adjudant. En juin 1792, il obtint enfin le grade d'officier, et passa lieutenant dans Rouergue, infanterie. Dès lors, il se livra, avec une ardeur nouvelle, à l'étude de la théorie de l'art militaire, et devint un tacticien habile. Il se distingua, par sa valeur, au siége de Thionville. Le général Leveneur se l'attacha comme aide de camp. Il servit en cette qualité à la bataille de Nerwinde, et accompagna son général à Paris, après la défection de Dumouriez.

Mandé au comité de salut public, il y parut avec assurance, et exposa un plan habilement conçu pour la campagne prochaine. Les membres du comité, frappés de son noble maintien et de la justesse de ses vues, le nommèrent adjudant général, et lui confièrent le commandement de la ville de Dunkerque, alors menacée par des Anglais, sous les ordres du duc d'Yorck. Hoche fit preuve de dévouement et d'intelligence dans ce poste difficile, mit bientôt la place à l'abri de toute insulte par un camp retranché, repoussa les Anglais à diverses reprises, et les força, après la bataille de Hondtschoote, à lever le siége.

Sa belle conduite lui valut le grade de général de brigade, et à quelque temps de là, celui de général de division. Le 22 décembre 1792, il s'empara de Furnes, et obtint, la même année, le commandement en chef de l'armée de la Moselle. Parvenu ainsi, à l'âge de vingt-quatre ans, au plus haut grade militaire, il voulut signaler son commandement par une action d'éclat, débloquer Landau, et chasser de l'Alsace les Prussiens, commandés par le duc de Brunswick, et qui étaient retranchés dans la position inexpugnable de Kaiserslautern. Hoche les attaqua pendant trois jours consécutifs ; mais, repoussé avec une perte considérable d'hommes, il change bientôt de plan, laisse un corps sur la Sarre, pour masquer sa marche, se jette avec le reste de son armée dans les montagnes des Vosges, pénètre, à travers les chemins les plus difficiles, jusque sur la droite des Autrichiens, aux ordres du général Wurmser, tourne leur position, et, manœuvrant de concert avec Pichegru, parvient à faire lever le blocus de Landau, et à forcer les ennemis d'évacuer l'Alsace.

La correspondance qu'il eut, à cette époque, avec le comité de salut public, et dans laquelle il s'attribuait, avec justice, la plus grande part à ces brillans succès, déplut au proconsul Saint-Just, qui protégeait particulièrement Pichegru. Hoche, qui venait de se couvrir de gloire, et dont le caractère franc et inflexible ne pouvait supporter aucune humiliation, loin de plier sous l'ascendant du hautain représentant, osa braver ses menaces. Saint-Just trouva bientôt le moyen de se venger. On ôta au général vainqueur le commandement de son armée, et l'on sut l'en éloigner, sous prétexte qu'il était destiné à en commander une autre dans le midi de la France. Mais à peine fut-il en route, pour se rendre à Nice, sa prétendue destination, que, d'après un nouvel ordre du comité de salut public, de l'exécution duquel Saint-Just se chargea en personne, Hoche fut arrêté, conduit à Paris, enfermé d'abord dans la prison des Carmes, et transféré ensuite à la Conciergerie.

Il avait consacré tout le temps de sa captivité à l'étude. La méditation, une expérience chèrement achetée par l'infortune, avaient dompté l'impétuosité de son caractère, et ses amis eux-mêmes eurent peine à le reconnaître au sortir de sa prison. Il ne se livrait plus avec confiance; taciturne et réfléchi, son adage favori était : « Des choses, et non des » paroles. »

Employé, en 1795, dans les provinces de l'Ouest, pour combattre les royalistes, qui donnaient encore de vives inquiétudes au Gouvernement, Hoche déploya, dans cette guerre intestine, les plus grands talens, comme général et comme homme d'État. Il prit une marche tout opposée à celle qu'avaient suivie ses prédécesseurs. S'attachant à pacifier et non à détruire, à gagner la confiance des habitans plutôt qu'à exaspérer les esprits, alliant la fermeté à la modération, il obtint, à force de persévérance, des succès inespérés. Le nouveau comité de salut public lui confia bientôt le commandement en chef des armées qui occupaient tout le pays, depuis la Somme jusqu'à la Loire. Il rétablit l'ordre et la discipline la plus sévère parmi les troupes, qui, jusque-là, s'étaient livrées impunément au pillage, au meurtre et à l'incendie. Il opéra d'autres changemens utiles, et substitua au système des cantonnemens, celui des camps retranchés, qui mettaient ses troupes à l'abri des surprises et des coups de main, si fréquens avant lui.

Lorsque les émigrés furent débarqués dans cette baie, en juin 1795, Hoche réunit, en un

seul instant, ses troupes éparses en divers cantonnemens, marcha sur Auray, qu'il emporta,
refoula le corps des émigrés dans la presqu'île, où il l'enferma, battit, le 16 juillet, le
comte d'Hervilly, s'empara, le 22, du fort
Penthièvre; et ayant poussé les émigrés et les
royalistes jusque sur les bords de la mer, et
leur ayant ôté tout espoir de trouver une issue
par terre, il les força enfin de se rendre à discrétion.

Aussi généreux après la victoire que brave
pendant le combat, Hoche écrivit au comité
de salut public pour demander qu'on épar-
gnât le sang français, et que la vengeance
nationale ne frappât que les chefs de cette déplorable entreprise; mais le comité, cruel
comme toutes les commissions, en jugea diffé-
remment, et, du haut de son tribunal, éloigné de tout danger, condamna les malheureux prisonniers à être fusillés sans distinction. Cette rigueur implacable fut hautement
désapprouvée par Hoche, qui, après avoir

remis le commandement au général Lemoine, marcha, avec une partie de ses troupes, sur Saint-Malo.

Le Directoire exécutif, qui venait d'entrer en fonction, le 27 octobre 1795, conféra, au mois de décembre suivant, au général Hoche, avec des pouvoirs illimités, le commandement en chef des trois armées de l'Ouest, réunies sous le nom d'armée de l'Océan. Il prit alors ses mesures les plus rigoureuses, pour rétablir le calme dans ces malheureuses contrées. L'ordre et la discipline la plus sévère régnèrent dans son armée. Il garnit de troupes tous les points importans, et établit des colonnes mobiles, qui se portaient avec promptitude partout où des troubles éclataient. Il sut inspirer de la confiance aux habitans, ménager adroitement les prêtres, dont plusieurs se donnèrent à lui, et lui servirent d'agens secrets; profita de la division qui régnait entre les chefs royalistes, garda religieusement la foi promise à ceux qui se soumettaient de bonne foi, et combattit les autres avec vigueur. Il s'attacha surtout à vaincre Charette, le plus intrépide, le plus acharné des chefs vendéens, et le plus fécond en ressources. Il parvint enfin à s'en emparer, après l'avoir isolé de Stofflet.

Dès que Charette eut cessé d'exister, Hoche, regardant dès lors la guerre de la Vendée comme terminée, se hâta d'affranchir le pays du joug militaire, et d'y établir le régime constitutionnel. Il passa ensuite la Loire, à la tête d'une armée de quinze mille hommes, et usa des mêmes moyens, pour rendre le calme à l'Anjou, au Maine, à la Bretagne et à la Normandie; assurant surtout aux habitans la paisible jouissance de leurs droits civils et religieux, et les rattachant ainsi au Gouvernement. Enfin, le 16 juillet 1796, le Directoire exécutif put annoncer aux deux conseils législatifs que l'Ouest était pacifié, et un décret solennel proclama « que le général » Hoche et son armée avaient bien mérité de » la patrie. »

Pour assurer la durée du calme intérieur de la France, si péniblement rétabli, Hoche avait, depuis long-temps, formé le plan d'occuper les Anglais chez eux-mêmes, et de leur faire éprouver, dans leur propre pays, tous les effets des guerres civiles qu'ils avaient fomentées et si long-temps entretenues en France. Cette pensée ne l'abandonnait plus, et il l'exprimait souvent avec trop peu de prudence. Il échappa heureusement deux fois à des tentatives de poison, et une autre fois à un coup de pistolet, qu'un misérable, nommé Guillaumont, ancien chouan, lui tira le 17 octobre 1696, au sortir du spectacle de Rennes.

Le pacificateur de la Vendée se rendit, peu de temps après, à Paris, soumit son plan au Directoire, qui l'approuva, et le chargea de l'exécution. Il partit aussitôt pour Brest, et y fit, avec toute l'activité de son caractère, les préparatifs d'une expédition contre l'Irlande. Après avoir vaincu des obstacles de tout genre, apaisé des émeutes, qui éclatèrent parmi les troupes de terre et de mer, il put enfin mettre à la voile le 14 décembre 1796; mais une brume épaisse, qui dura plusieurs jours, suivie d'une tempête des plus violentes, sépara le vaisseau qu'il montait du reste de l'escadre, et, arrivé sur les côtes de l'Irlande, il eut la douleur de reconnaître l'impossibilité où il se trouvait d'exécuter son audacieuse entreprise. Il se livra, dit-on, pendant plusieurs jours, au plus violent désespoir, et fut enfin forcé de chercher à regagner un port de France, où il ne parvint qu'à travers bien des dangers, échappant, comme par miracle, aux fureurs de la mer et aux nombreuses croisières anglaises. Ce fut alors qu'on le nomma général en chef de l'armée de Sambre et-Meuse, forte de quatre-vingt mille hommes, et qu'il ouvrit la campagne de 1797 par le hardi passage du Rhin, qu'il effectua en présence de l'ennemi.

Hoche gagna ensuite les batailles de Neu-

wied, d'Altenkirchen et de Diedoff, s'empara
de la ville de Wetzlaer, battit le général au-
trichien Werneck, fit huit mille prisonniers,
et s'empara de l'artillerie des ennemis. Victo-
rieux dans trois batailles et cinq combats, il
poursuivit ses avantages avec activité. Son
armée venait de faire quarante lieues d'Allemagne en quatre jours, et rien ne paraissait
plus pouvoir mettre d'obstacle à sa marche
triomphale, au sein même des Etats de l'Autriche, quand il fut arrêté sur les bords de la
Nidda, par la nouvelle inopinée de l'armistice
conclu par le général Bonaparte avec le prince
Charles, et par l'ordre du Directoire, de suspendre les hostilités.

On proposa à Hoche le ministère de la
guerre, en juillet 1797 ; mais il le refusa. Le
parti dit *de Clichy*, qui voulait renverser
la République, commençait, à cette époque,
à dominer dans les conseils. Le général Pichegru, son ancien ennemi, se trouvait à la
tête de cette faction, et, depuis deux ans,

Hoche ne cessait d'avertir le Gouvernement qu'on le trahissait. Le Directoire prit alors le parti de se confier à lui, et de lui donner le commandement d'un corps de troupes qui devait se rapprocher de Paris. Il accepta ; mais il déclara, en même temps, « que, dès qu'il » aurait vaincu les ennemis de la République, » ce dont il répondait sur sa tête, il briserait » son épée. » Il concerta ensuite avec Barras, qui avait en lui la plus entière confiance, les mesures à prendre dans ces circonstances critiques. Dénoncé violemment, au conseil des Cinq-Cents, par Villot, le collègue et le confident de Pichegru, le Directoire intimidé désavoua Hoche, et lui retira les pouvoirs qu'il avait récemment remis entre ses mains, déclarant en même temps aux deux conseils que la marche des troupes vers Paris, qui leur donnait de l'ombrage, n'avait été ordonnée par ce général que dans le but de préparer une nouvelle expédition maritime.

Hoche expira le 15 septembre 1797, vive-

Mortier.

ment regretté des soldats et de tous les amis de la vraie liberté.

MORTIER.

Mortier, duc de Trévise, maréchal et pair de France, naquit à Cambrai en 1768 ; il était fils d'un simple commerçant.

Embrassant avec ardeur la cause de la liberté, le jeune Mortier entra, en 1791, en qualité de capitaine, dans le premier bataillon de volontaires du département du nord. Dès la première affaire, qui eut lieu à Niévrain, il donna des preuves de courage, et eut un cheval tué sous lui. A Hondtschoote, le 13 octobre 1793, il gagna le grade d'adjudant général. Blessé par la mitraille sous les murs de Maubeuge, où il se signala, il se trouva ensuite aux affaires de Mons, Bruxelles, Louvain, Fleurus, et se porta sur Maëstricht avec le général Kléber.

Ce fut l'adjudant général Mortier qui dirigea l'attaque du fort Saint-Pierre. Il était avec le général Marceau, au passage de Neuwied, et commanda, sous les ordres du général Lefebvre, dans la campagne de 1796, les avant-postes de l'armée de Sambre-et-Meuse. A la bataille de Friedberg, il passa la Nidda ; le 4 juillet, il enleva les hauteurs de Wiensdorff, et fit 2,000 prisonniers.

Bientôt élevé au grade de général, Mortier fut appelé, au mois de mars 1800, au commandement des 15ᵉ et 16ᵉ divisions militaires. Nommé grand aigle de la Légion-d'Honneur, lors de la formation de cet ordre et après de nombreux et brillans services, et les faits d'armes les plus éclatans, il fut fait, en 1808, duc de Trévise et maréchal de l'empire. Il faudrait faire ici le récit de toutes les campagnes de l'empire, si l'on voulait écrire la vie de ce grand capitaine, dont le noble et généreux

Sixte quint.

caractère ne se démentit jamais, et, pur de toute souillure, traversa les orages politiques.

Après la révolution de juillet, le maréchal Mortier fût nommé gouverneur des Invalides, fonctions qu'il remplissait à la satisfaction de tous ses vieux camarades, lorsqu'il tomba, le 28 juillet 1835, sous les coups de l'assassin Fieschi.

SIXTE-QUINT (FÉLIX PERETTI).

SIXTE-QUINT, fils d'un pauvre laboureur nommé Peretti, passa les premières années de sa vie à garder les troupeaux, ce qui ne l'empêchait pas de montrer de grandes dispositions pour l'étude et de saisir toutes les occasions de s'instruire.

Admis chez les cordeliers d'Ascoli, Peretti ne tarda pas à mériter la faveur de ses supérieurs par ses talens, en même temps qu'il s'attirait l'aversion de ses confrères par son caractère inquiet et pétulant. Frère Félix n'en poursuivit pas moins rapidement sa carrière. Il prêchait à Venise avec le plus grand succès, lorsque des différends qu'il eut avec le Sénat l'obligèrent à partir précipitamment. Ce fut à cette occasion qu'il dit « qu'ayant fait vœu » d'être pape à Rome, il n'avait pas cru devoir » se faire pendre à Venise.» Pie V, qui avait été le disciple de Peretti, fit élire ce dernier général des cordeliers et le fit cardinal. Ce fut alors que Peretti prit le nom de Montalte.

Le cardinal de Montalte ne jouit pas de la même faveur sous Grégoire XIII, qui ne lui accorda point de part dans le Gouvernement. On le vit tout à coup s'éloigner du tourbillon du monde; il paraissait succomber sous le poids des années et des infirmités, ne se montrant en public qu'appuyé sur un bâton, la tête penchée sur les épaules, ne parlant que d'une voix entrecoupée, avec une toux qui semblait le menacer d'une fin prochaine.

Tous ces signes de caducité redoublèrent

quand il fut question de donner un successeur à Grégoire XIII. Il n'en fallut pas davantage pour réunir en sa faveur toutes les
factions qui divisaient le conclave, dans l'espoir qu'un pontificat faible et de peu de durée
laisserait à chacune d'elles le temps, et leur
fournirait les moyens de se mieux concerter
pour parvenir plus sûrement à leur but. Il fut
donc élu sans contradiction, le 24 avril 1585.

A peine les suffrages étaient-ils recueillis,
que Montalte sortit de sa place, jeta son bâton,
releva sa tête, et entonna le *Te Deum* d'une
voix forte qui retentit dans toute la salle de
l'assemblée. Les cardinaux stupéfaits ne pouvaient en croire leurs yeux et leurs oreilles.
Le peuple, en le voyant donner ses bénédic-
tions avec autant de grace que d'assurance,
avait de la peine à concevoir que ce fût le
même homme qui, la veille, avait paru succomber sous le poids de son corps affaissé.
Le cardinal de Médicis lui ayant fait son
compliment sur cet heureux changement : —

« N'en soyez pas surpris, lui répondit-il ; je
» cherchais alors les clefs du paradis, et pour
» les mieux trouver, je me courbais, je
» baissais la tête ; mais, depuis que je les ai
» trouvés, je ne regarde que le ciel, n'ayant
» plus besoin des choses de la terre. »

Ses premiers soins furent de rétablir, par
une police rigoureuse, la sûreté de Rome et
des terres de l'Église infestées par des
hordes de brigands qui s'étaient prévalues de
la faiblesse de son prédécesseur.

« On pourra m'appeler féroce, sanguinaire,
» disait-il ; mais j'ai lu dans l'Écriture que le
» meilleur sacrifice que l'on puisse faire à
» Dieu est de punir le crime et de foudroyer
» les scélérats et les perturbateurs du repos
» public. »

Quoique Sixte-Quint fût d'une complexion
robuste, le travail excessif que demandaient
ses fonctions ruina insensiblement sa santé ;
il mourut le 17 août 1590, après avoir gou-
verné l'Église pendant cinq ans et demi.

TABLE DES MATIÈRES.

Fin du Plutarque des Artisans.

Imprimerie de Mme Huzard (née Vallat la Chapelle),
rue de l'Éperon, n° 7.

1533

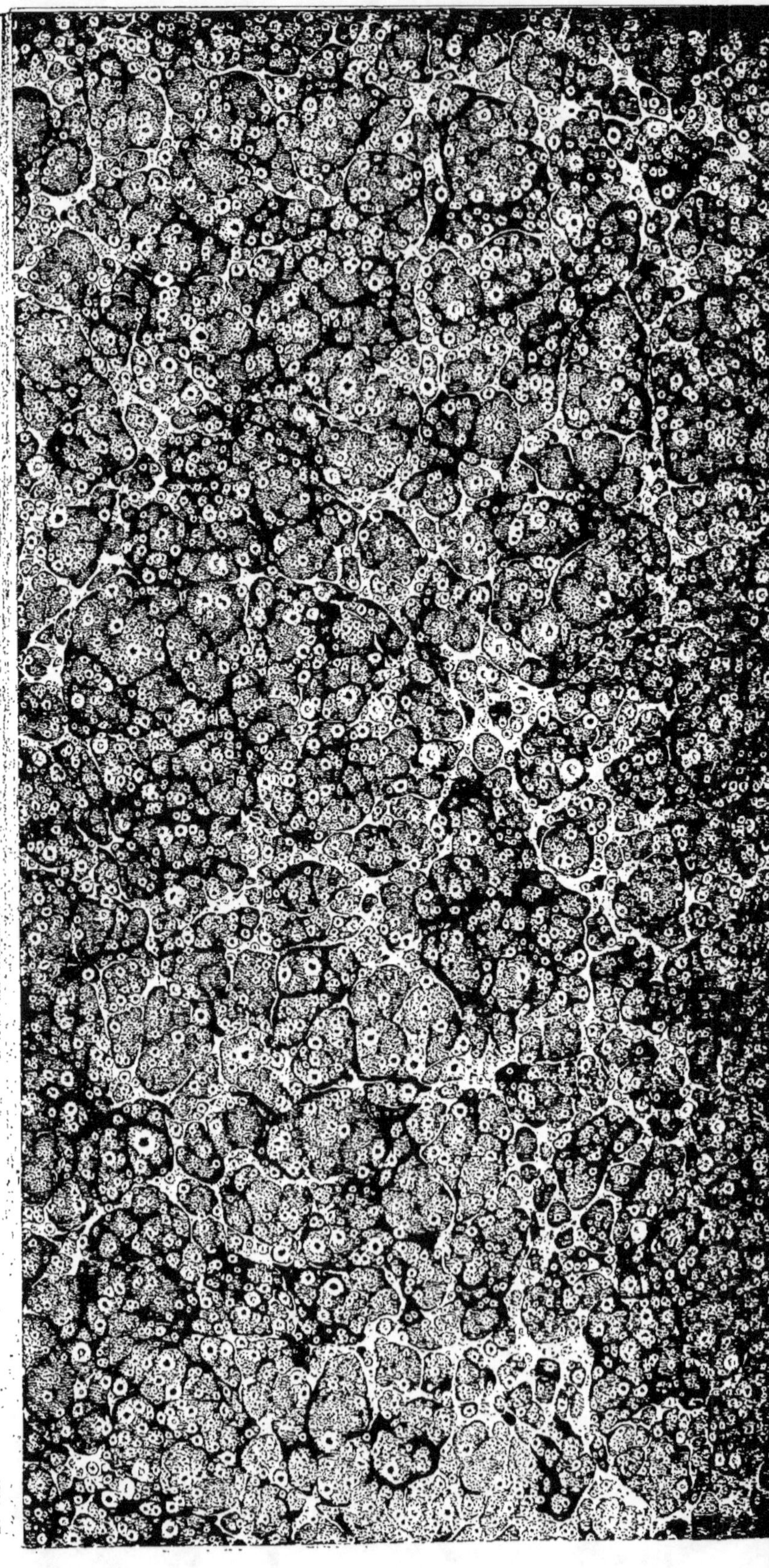

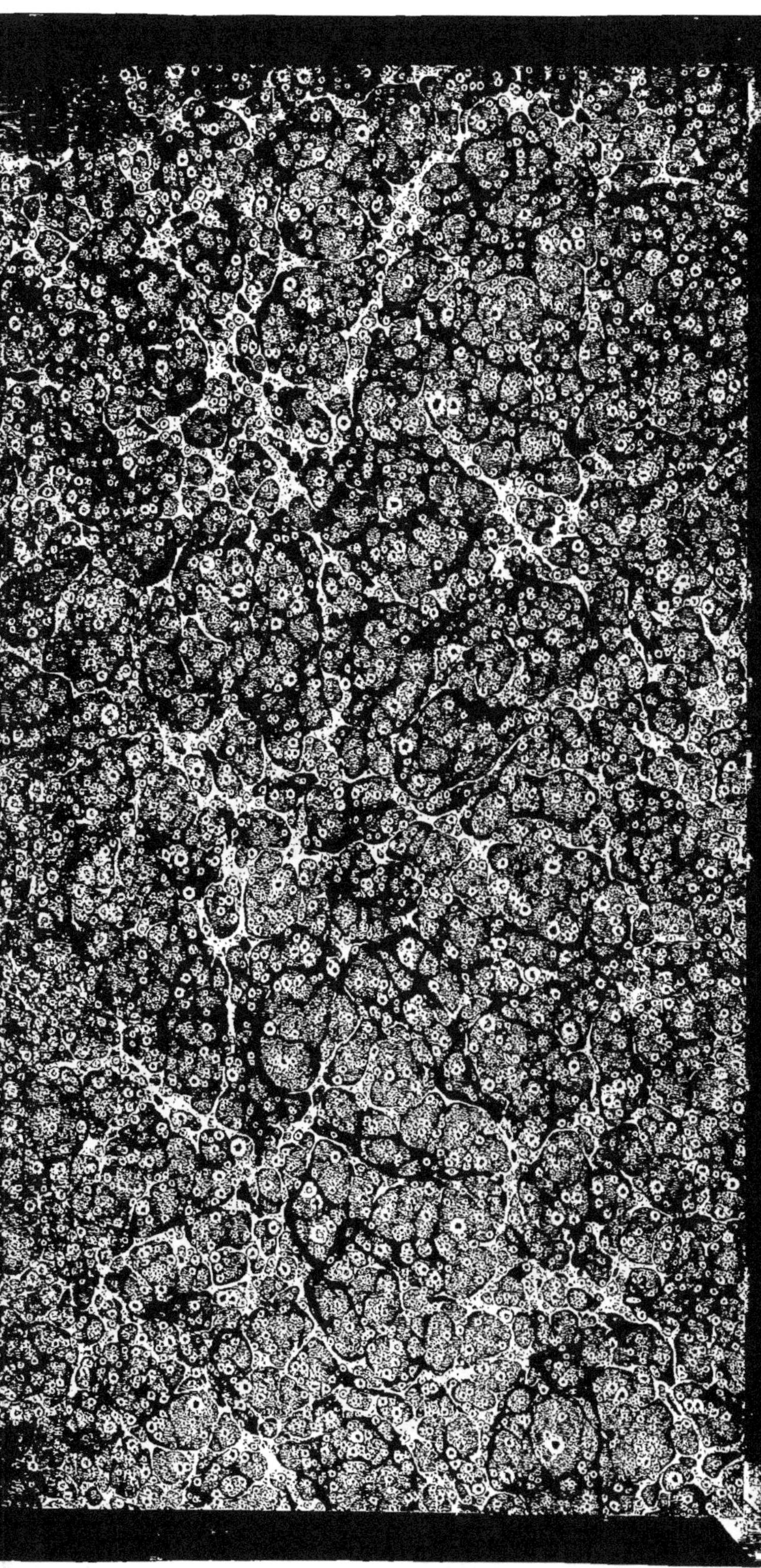

IN
G